GUANGGAO FAGUI YU ZHIYE DAODE
广告法规与职业道德

王悦彤 编著

河南大学出版社
HENAN UNIVERSITY PRESS
·郑州·

图书在版编目(CIP)数据

广告法规与职业道德/王悦彤编著. —郑州:河南大学出版社,2018.7
ISBN 978-7-5649-3403-3

Ⅰ.①广… Ⅱ.①王… Ⅲ.①广告法—研究—中国 Ⅳ.①D922.294.4
中国版本图书馆 CIP 数据核字(2018)第 159821 号

责任编辑	柳　涛　辛豫杰
责任校对	姚占伟
封面设计	吉宏飞

出　　版	河南大学出版社
	地址:郑州市郑东新区商务外环中华大厦 2401 号
	邮编:450046　　　电话:0371-86059701(营销部)
	网址:www.hupress.com
排　　版	郑州市今日文教印制有限公司
印　　刷	北京虎彩文化传播有限公司
版　　次	2018 年 8 月第 1 版　　印次　2018 年 8 月第 1 次印刷
开　　本	787mm×1092mm　1/16　　印张　8.5
字　　数	202 千字　　定价　25.00 元

(本书如有印装质量问题,请与河南大学出版社营销部联系调换)

前　言

　　我国的广告业是在较短的时间内高速发展起来的。尽管国家出台了《中华人民共和国广告法》等一系列法律、法规和相关管理办法，但其在实践领域的落实效果尚需一个长期的过程来检验，况且法律、法规自身也需不断完善和具体化。从发展现状来看，加快促进我国的广告业形成健全的行业体系和完善的法规管理机制尤为迫切。健全的广告法律体系和良好的行业规范既是市场经济和法治社会的客观要求，也是社会化大生产条件下我国广告事业发展繁荣的必要保障。

　　近年来，我国的一些学者就社会主义市场经济建设与法律、道德的关系从不同的层面进行了理论探索和建构，有关广告传播的社会责任和社会对广告活动规范管理的研究也有大量的成果涌现。但由于商业广告的先天趋利性和法律、法规的相对滞后性，以致违规广告有机可乘、广告管理有法难依、不良广告有恃无恐、广告监管不到位、广告道德缺失等情况时有发生，这些都是广告学界及业界亟待研究与解决的课题。

　　同时，经济全球化的浪潮，使得许多广告"战役"跨越了疆界。由于各国的经济水平、文化习俗、管理体制、消费者素养等方面存在着巨大的差异，各国的广告法规与管理仍颇具区域性，我们可以从中借鉴的方面也是有限的，所以根据我国的广告业界及广告教育的需要，就非常有必要编撰适合我国国情的广告法规管理与职业道德规范方面的书籍。

　　本书共七章，从广告的内容准则、行为规范、监督管理、法律责任、职业道德等多角度来阐释现代广告管理的必要性。本书对广告法律体系进行了系统的梳理和全面的概括，对典型案例进行了详细的分析，并着重对广告法规与管理的研究作出了发展性的思辨，力图从中找出针对我国广告管理的有效策略，从而为我国广告法律、法规的持续完善提供一定的理论和实践依据。本书可作为具有较强实践性的广告教材使用，又具有一定的学术思考意义，期望得到更多专家的指正。

王悦彤

目　录

第一章　《广告管理条例》概述 ···（ 1 ）

　　第一节　我国广告管理体制概述 ···（ 1 ）
　　第二节　《广告管理条例》的出台背景 ··（ 8 ）
　　第三节　《广告管理条例》的主体认知 ··（ 12 ）
　　第四节　《广告管理条例》的实施与完善 ·····································（ 16 ）

第二章　《广告法》概述 ···（ 21 ）

　　第一节　我国广告法律体系概述 ···（ 21 ）
　　第二节　《广告法》的性质和立法目的 ··（ 25 ）
　　第三节　《广告法》的调整范围及特点 ··（ 26 ）
　　第四节　《广告法》的基本原则与主要法律规定 ····························（ 29 ）

第三章　广告内容准则 ···（ 38 ）

　　第一节　广告内容准则概述 ···（ 38 ）
　　第二节　我国基本广告内容准则 ···（ 40 ）
　　第三节　我国专项广告内容准则 ···（ 45 ）

第四章　广告行为规范 ···（ 54 ）

　　第一节　对广告主的规范与管理 ···（ 54 ）
　　第二节　对广告经营者的规范与管理 ···（ 56 ）
　　第三节　对广告发布者的规范与管理 ···（ 60 ）
　　第四节　广告行为规范的方法 ··（ 64 ）

第五章　广告审查 …………………………………………………………（ 68 ）

第一节　广告审查与广告审查制度 ……………………………………（ 68 ）
第二节　我国广告审查制度的发展历程 ………………………………（ 70 ）
第三节　广告审查的法律法规 …………………………………………（ 72 ）
第四节　广告行政审查 …………………………………………………（ 75 ）
第五节　广告自行审查 …………………………………………………（ 78 ）

第六章　广告违法行为的法律责任 ……………………………………（ 82 ）

第一节　广告违法行为的概念及主体 …………………………………（ 82 ）
第二节　广告违法行为的法律责任 ……………………………………（ 84 ）

第七章　广告道德规范 …………………………………………………（ 98 ）

第一节　广告道德规范的含义 …………………………………………（ 98 ）
第二节　广告道德规范的主体与原则 …………………………………（103）
第三节　广告道德规范的现实意义 ……………………………………（108）

附录一　中华人民共和国广告法 ………………………………………（114）

附录二　广告管理条例 …………………………………………………（125）

附录三　广告活动道德规范 ……………………………………………（128）

第一章 《广告管理条例》概述

本章提要： 本章主要讲述《广告管理条例》的出台背景、主体认知、进步性以及它的实施与完善。

第一节 我国广告管理体制概述

广告管理体制，主要是指为实现广告行业的稳定有序发展、避免恶意竞争与违法行为的出现，由国家行政机关、广告行业自律组织、社会团体及个人构成的管理主体利用现有的法律、法规、规章对广告活动进行管理的一整套监管机制。

随着市场经济的飞速发展，我国的广告业也逐步走向成熟，我国的广告监督管理工作也在不断发展和完善。广告管理体制日趋科学有效，为广告行业稳定、快速发展奠定了坚实的基础。我国的广告管理体制不仅包括国家工商行政管理机关的行政管理，还包括由广告行业自律、社会监督等组成的除行政管理外的监督机制。

目前，我国的广告管理体制是以政府管理为主，以行业自律为辅，以部门职能分工为基础，通过国家有关部门制定和颁布的有关广告管理办法、政策、条例、法令对广告活动进行监督管理的政府主导型管理体制。

本节主要就构成我国广告监督管理体制各主体的职责与职能进行阐述。

一、广告管理体制的主体构成

随着市场经济的发展，我国的广告监督管理体系也在不断完善。国家机关、行业自身及社会团体和个人对广告行业的管理对促进广告业正常有序发展、净化广告市场有着极大的指导与规范作用。了解我国广告行业监督管理体系的构成、分类以及主体概况是促进广告行业健康发展的前提条件。

（一）广告管理主体的构成

从广告管理主体的角度看，广告管理可以分为狭义的广告管理与广义的广告管理。狭义的广告管理专指政府职能部门对广告的监督管理，尤其是指以国家工商行政管理部门为主体实施的广告监督管理活动。广义的广告管理则包含以下五个主体层面的内容①：

一是政府的行政管理，即政府的广告监督管理机关按照法律、法规及有关规定，对广告活动进行的监督管理。这是法律层面对广告活动具有行政管理性质的刚性约束，主要由国家各级工商行政管理机构的广告管理部门以及其他政府部门负责实施。

二是行业自我规范，即广告行业的有关行业组织通过会员共同制定的会员守则及行业自律规则对广告活动进行的监督管理。这主要是道德层面对广告活动的一种自律约束。

三是广告主体的自我管理，即企业依照国家法律、法规和行业规则，针对本企业的实际情况制定的企业内部管理规定，对自身涉及的广告经营行为和宣传内容进行的管理。这种管理既有严格遵守国家法律、法规的刚性约束，也有自觉遵守行业规则和职业道德规范的软性约束，由广告主体自行实施。

四是社会监督，即社会公众对广告活动的监督，主要包括新闻媒体的舆论监督、广告受众的监督、竞争对手的监督、受到违法广告损害的消费者以及消费者组织的监督等。监督对象既包括违法的广告行为，也包括政府等主管部门的监管工作等，是一种最为全面的拥有最为广泛群体的全方位监督形式。

五是司法部门的法律裁判，即司法部门依法处理虚假广告方面的违法犯罪行为和由于广告侵权行为造成的民事纠纷以及法律救济等，所涉及的主体和部门比较广泛。

（二）广告监督管理主体对广告活动的监督管理

在我国的广告管理体制中，各主体对广告活动的管理主要体现在以下六个方面：

一是广告主对自身广告活动的管理。它主要是指广告主根据其企业发展战略、品牌发展战略所制订的广告发展计划，并进行具体实施的过程。本质上是广告主自我管理的过程。

二是广告经营者对广告活动的管理。广告经营者对广告活动的管理，主要是指取得从业资格的广告经营者在其经营范围内，从事的广告设计、制作以及广告代理等活动。为确保这些广告活动有序进行，需要对整个广告活动进行监控和管理，以实现赢利的市场目标。本质上属于广告经营者的自我管理过程。

三是广告发布者对广告活动的管理。广告发布者在其控制的媒体上发布广告，对发布的广告进行程序性审查，保证广告发布的合法性。这一过程是广告发布者的自我管理过程。

四是行业组织对行业活动的自我管理。这里的行业组织主要包括三大广告主体（广告主、广告经营者和广告发布者）以及其他广告活动参与者所属的行业组织。

五是国家对广告活动的监督管理。国家权力包括立法权、司法权和行政权三个方面。从立法的角度来看，国家对广告活动的监督管理是指国家权力机关针对广告活动进行立法，规范各种广告主体间的关系，明确各自的权利、义务，确定市场活动规则的过程。从司

---

① 蒋恩铭：《广告法律制度》，南京：南京大学出版社2007年版，第97页。

法的角度看,是司法机关按照法律规定,接受广告当事人的诉讼请求,保护各方当事人的合法权利,惩罚广告违法犯罪的过程。从行政的角度看,是国家执法机关对广告主、广告经营者、广告发布者等市场参与主体进行监督、检查、控制和指导,对违法广告进行查处,保障广告业健康有序发展的过程。

六是社会舆论及广大消费者对广告活动的监督。广大消费者为维护自身的利益,会自发或有组织地对广告特别是违法广告进行监督,监督的方式为向行政执法机关举报、投诉、控告,或通过新闻媒体形成社会舆论压力,等等。

相较我国内地以政府管理为主的监管模式,我国港台地区的广告行业自律机制在广告监督管理体系中的作用更为突出,影响力更加广泛。对此,后文有专门的介绍。

二、广告行政管理的主要特点

我国的广告监督管理体制是以政府管理为主导,行业自律、社会监督为辅助的监督管理体制。政府对广告行业的监督管理主要体现在对相关法律、法规的执行上。

(一)广告行政管理的机构设置及权限划分

我国的工商行政管理机关代表国家行使广告监管的职能。国家工商行政管理总局①下设广告司,管理全国广告行业。各省、自治区、直辖市及计划单列市的工商行政管理部门设广告处,管理本辖区广告业务。地区级的工商行政管理部门下设广告管理科,管理本辖区广告业务。县级、自治县、自治州的工商行政管理部门下设广告管理股,管理本辖区广告业务。

由于只有国家工商行政管理部门在行政归属上是国务院的直属机构,而上级工商行政管理部门对下级工商行政管理部门是业务指导关系,地方政府和当地的工商行政管理部门则是行政隶属管理,因此地方工商行政管理部门的广告管理工作一方面要接受上级工商行政管理部门的业务指导,另一方面还要接受当地政府的领导。

从管理权限来看,各级广告行政管理机关对广告的日常管理主要包括登记和审批等行政许可行为以及监督与惩治等行政处罚行为。登记和审批等行政许可行为的权限是比较明确的,实行级别管辖,根据申请者的性质、资本规模以及面向的范围确定由哪一级工商行政管理机关管辖。行政处罚等行政执法行为管理权限的划分比较困难。国家工商行政管理总局2004年10月发布的《关于加强广告行政执法办案协调工作的指导意见(试行)》对广告行政执法权限进行了如下的规范和协调:

1. 工商行政管理机关的广告监管部门应当加强广告违法案件的查办工作,并对基层工商所的广告违法案件查处工作进行指导。

---

① 中华人民共和国成立以后,国家工商行政管理部门的名称历经多次变化。为了方便理解,结合本书叙述实际,笔者将改革开放至今的国家工商行政管理总局的名称演变进行了梳理。具体情况为:1978年9月~1982年7月,中华人民共和国工商行政管理局;1982年7月有~2001年4月,国家工商行政管理局;2001年4月~2018年3月,国家工商行政管理总局;2018年3月后,国家市场监督管理总局。

2. 对报纸、电视、广播、杂志、互联网站等大众传播媒介的广告违法案件,由违法行为发生地(即媒介广告经营登记所在地)县级以上工商行政管理机关管辖,实行分级管理的适用级别管辖。

3. 各级工商行政管理机关应当做好跨地区广告违法案件的协调配合、统一查处工作。国家工商行政管理总局负责组织、指导、协调和督办跨省(自治区、直辖市,以下简称省)广告违法案件的查处工作,直接或者参与办理全国性重大违法虚假广告案件。省级工商行政管理机关负责本辖区内广告违法案件查处的组织、指导、协调和督办工作,直接或者参与办理本辖区内的重大违法虚假广告案件。

4. 工商行政管理机关在本辖区内对查处异地广告主、广告经营者确有困难的,可经由省级工商行政管理机关移送广告主、广告经营者所在地的省级工商行政管理机关处理,并报国家工商行政管理总局备案。工商行政管理机关对在本辖区内发现的在包装物上含有违法广告内容的案件,在立案前应当报省级工商行政管理机关备案。该省级工商行政管理机关发现本辖区内有两个以上工商行政管理机关对同一广告主的包装物上的违法广告进行查处的,应当进行协调,必要时可指定一地工商行政管理机关统一查处。该省级工商行政管理机关应当将包装物上含有违法广告的情况通知广告主所在地的省级工商行政管理机关对广告主进行处理,并报国家工商行政管理总局备案。

5. 工商行政管理机关在行政处罚中,发现广告主或广告经营者在其他地区从事违法广告活动的,应当通知有管辖权(违法行为发生地)的工商行政管理机关予以查处,并上报上级工商行政管理机关。对属于外省工商行政管理机关管辖的广告违法案件,应当经由省级工商行政管理机关通知有管辖权的省级工商行政管理机关予以处理,并报国家工商行政管理总局备案。

6. 两个以上工商行政管理机关因管辖权发生争议的,报请共同上一级工商行政管理机关指定管辖。

7. 国家工商行政管理总局对同一广告主跨省发布同一商品或者广告的,可以根据实际情况进行协调,部署各地对广告主、广告经营者、广告发布者予以查处,必要时可以指定广告主所在地工商行政管理机关或者违法行为发生地工商行政管理机关对广告主进行查处。省级工商行政管理机关对同一广告主在本辖区内多个地区发布相同违法内容的广告,应当及时部署各地对广告主、广告经营者、广告发布者予以查处。必要时可根据实际情况指定一地工商行政管理机关对广告主进行查处。

8. 国家工商行政管理总局或者省级工商行政管理机关对下列案件进行督办:社会影响恶劣、情节严重的违法虚假广告或者不良广告;对上级工商行政管理机关部署查处的案件、其他工商行政管理机关通知协调查处或者移送的案件,未及时调查处理的;广告监测通报或者公告中涉及的典型违法广告案件。

9. 各级工商行政管理机关在执法办案中遇到的对案件管辖、同一违法行为的认定、案件定性、法规适用、处罚幅度等有争议的,应当逐级向各自的上级机关报告。

10. 上级工商行政管理机关对下级工商行政管理机关在执法中的行政处罚畸轻畸重、执法不到位等不规范执法行为,应当责令其予以改正。

此外,关于广告发布前的管理机构则根据行业不同分别隶属于不同的政府机关,主要有国家食品药品监督管理局、教育部、卫生部、农业部等部门,它们的主要职责是对相关广告实施发布前审查,执行的是行政许可权力。同时,它们的审查工作也需要与同级广告监督管理机构(主要是工商行政管理机构)进行协调和配合,比如对审查通过的广告报送备案,协助工商行政管理部门开展特定广告的事后监督等。

(二)广告行政管理机关的主要任务

广告行政管理机关的主要任务是:制定行政法规和行政执法,制定并实施国家和地方的广告业务发展规划,宏观调控广告业的发展,对广告活动实施全过程、全方位的监督检查。从根本上讲,广告行政管理机关的主要任务体现在两个方面:一是加强规范,二是促进发展。前者着重于维护市场秩序和社会利益;后者着重于促进行业发展,并最终推动社会经济发展。

(三)广告行政管理机关的工作原则

根据行政法的基本要求以及广告业的实际情况,广告行政管理机关的工作主要遵循以下四个方面的原则:

一是依法行政原则。依法行政原则是现代法治国家政府行使权力时所普遍采用的基本准则。广告行政管理机关在行使职权时必须依照法律,符合法律的规定,不能随意违反或变更法律依据。

二是公正、公开原则。公正、公开原则是市场经济运行的基本原则,也是各级行政管理机关在管理市场过程中必须遵循的基本原则。作为广告行政管理机关,在实施行政管理行为的过程中也必须遵循公正、公开原则。

三是行政监督、社会监督和行业自律相结合的原则。面对复杂的广告市场状况,广告行政管理机关承担着市场准入、市场秩序维护、违法广告查处等多项重要职能,因此在广告市场管理中具有重要的地位。但随着广告发布和传播形式的发展,仅仅依靠广告行政管理机关的力量是远远不够的。要实现有效的行政管理还必须将行政监督与社会监督、行业自律有效结合起来。一方面,要鼓励广大消费者以及消费者权益组织,抵制和检举违法广告,补充行政执法力量的不足;另一方面,要充分发挥广告行业自律在市场活动中的调节作用。

四是管理、协调与服务相结合的原则。行政管理机关的职能包括管理、协调、服务三方面。管理就是一方面制定有关的法规规范,确定市场主体的权利、义务关系,确保市场主体守法经营;另一方面对市场主体的行为进行许可或处罚,维护市场的正常秩序。协调就是调和市场主体的利益冲突,构建良性竞争秩序。服务就是对整个广告行业的发展进行引导,协助解决市场主体发展过程中的难题,提供各种政策性咨询服务,为整个广告业的健康发展营造良好的氛围。

三、广告自律和社会监督

(一)我国内地的广告自律和社会监督

我国内地的广告行业自律具有自愿性、广泛性和灵活性的特点。广告行业的自律组织通过制定、实施其成员所普遍认可的、共同遵守的行业内部规定、规章和制度,达到行业的自律效果。在许多广告业发达的国家和地区,广告行业自律组织是规范广告发展的"主角"。在我国内地,广告行业自律组织在广告管理体系中扮演着重要的角色,对广告行政管理起着重要的补充作用。广告业的自律程度是广告业发展成熟与否的重要标志,我国内地的广告行业自律体系也是广告监督管理体系的重要组成部分。

目前,我国内地重要的广告行业自律组织有中国广告协会和中国对外经济贸易广告协会(后改名为中国商务广告协会)等。这些行业自律组织在充实我国广告行业管理体系的同时也为广告行业管理机制注入了"新鲜血液"。我国广告行业自律体系的不断发展与完善,为我国广告事业的腾飞提供了精神与物质的双重保障。

广告社会监督,主要是指消费者和社会各界,通过对广告宣传活动的批评、建议、申诉、投诉、举报、起诉等,对广告活动进行的监督。

我国内地广告社会监督的主体主要包括消费者协会、新闻界以及同行业竞争者,其中以消费者协会等消费者社会团体组织最为重要。消费者协会的不断壮大,既有利于弥补我国广告行政管理机构管理机能上的不足,也有利于我国广告行业的全面稳步发展。我国内地社会监督体系的特点主要表现为:监督主体的广泛性,监督方式和途径的多样性,对行政、司法权力的依赖性。

(二)香港地区的广告管理体制

香港的广告市场高度自由竞争,但十分强调对广告业的严格管理,这也是香港的广告业得以蓬勃有序发展的重要保障。香港地区的广告管理已经形成了由广告行业组织自律和政府部门行政管理有机结合、法律与行业规范相制约并共同促进的监督管理模式。

香港特别行政区管理广告的政府部门主要有影视及娱乐事务管理处、广播事业管理局、广播事业检讨委员会、电影检查委员会、医务卫生处等。其中影视及娱乐事务管理处(简称电检处)是最为重要的广告管理机关。影视及娱乐事务管理处分为三个部门,即电影检查组、电视检查组和广告检查组,各种专业广告则转请其他专业部门的专家审查。

除此之外,香港的电视、电影咨询委员会就市民对电影、电视广告的意见定期进行调查,根据调查结果,向电视监督部门提供意见,并就技术、节目、广告方面的标准及有关事项向行政长官及行政会议提出意见。电检处根据这些意见修订有关的管理条例,一般半年至一年修订一次。如有公众对个别电视广告提出建议,电视广告可以随时被停播或修改。

香港地区的广告行业自律组织在加强行业自律、提高服务水平、防止不正当竞争方面发挥着重要作用。主要的行业自律组织有以下四个:

(1) 香港广告商会,又名 4A 广告协会。香港广告商会成立于 1957 年,会员约 20 家,掌握了全港广告开支的近 25%。香港广告商会的宗旨在于制定和维护广告专业操守,执行业务守则,出任广告公司的纠纷仲裁人,为广告公司和广告从业者提供交流意见的机会,等等。

(2) 香港华资广告业商会,又名 CCAA 广告协会。香港华资广告商会成立于 1982 年,有会员公司 30 余家,主要以报界广告部为主。

(3) 香港广告业联会。参加联会的公司大多数是与中国内地有广告业务往来的公司,如中国广告公司、新华广告公司等。联会的实质是广告同业俱乐部,会员资格不限,因此参加活动的会员曾多达 5000 人。

(4) 广告商会,又名 2A 商会或香港客户协会。该组织是广告主的组织,会员主要是国际性工商企业在港的子公司,如万国宝通银行、太平洋银行、飞利浦、柯达等香港有限公司。该协会的主要任务在于采取协调保护广告主利益的行动。

此外,消费者对广告的监督也是香港广告社会监督的重要内容。成立于 1974 年 4 月的香港消费者委员会对工商企业的不法买卖行为和欺骗性广告宣传进行监督和揭露,并指导消费者如何选购商品,维护消费者的权益。

(三) 台湾地区的广告自律与社会监督

台湾地区的广告管理主要由各行政主管部门实行。同时,台湾地区广告行业自律十分活跃,是台湾地区广告管理体系的重要组成部分和行业规范施行机构。就是台湾地区行政管理与行业自律的有效结合保障了台湾广告业的平稳快速发展,使得台湾广告业得以从 20 世纪 50 年代起步,突飞猛进,发展到 2000 年时已排名世界第 25 位。

台湾地区的广告行政管理部门在台湾地区广告行业的管理体系中处于主导地位。药品、食品广告由卫生行政主管部门管理,实行广告内容审批制度;房地产广告由建设委员会管理;报刊、广播、电视广告由新闻局管理,电视广告实行事前审查制度。

台湾行政管理部门为台湾广告行业的规范与管理作出了巨大的贡献,主要表现在四个方面:(1) 在广播、电视广告管理方面,针对存在的问题,"台湾新闻局"于 1970 年 6 月邀请有关方面专家、学者对净化台湾广告的问题进行研讨;(2) 1971 年 9 月,新闻局决定加强对广告影片内容的审查;(3) 卫生主管部门对药物广告也加强了审核;(4) 电视广告的净化与自律问题也被提上了日程。

由此,一系列的广告监督管理措施与法律立项在当地行政部门的领导下迅速展开,开启了台湾广告事业规范化、法制化、结构化的进程。

台湾广告行业自律组织主要有广告商同业公会、台北市广告代理商同业公会以及各新闻媒体专业协会等。这些行业协会都有自己的规章制度,在规范行业发展中发挥着积极的作用。

香港与台湾地区,特别是香港地区作为我国走向世界的窗口,承载着信息与经济贸易交流的社会重任。同内地的广告发展历程相比,香港与台湾地区的广告业早在 20 世纪六七十年代就已经有了比较明显的发展,广告发展成熟程度也比较高。因此,学习与借鉴香港与台湾地区的广告监督管理经验对促进内地广告行业的发展,对完善我国广告管理有着重要的意义。

第二节 《广告管理条例》的出台背景

作为管理工具,法律、法规既是国家意志的体现,也是经济发展的结果。所以,作为广告业第一部正式而且至今依然发挥着特殊作用的广告管理法规——《广告管理条例》的出台离不开政治、经济以及行业发展的社会背景。只有充分了解它的出台背景,我们才能正确评估它的历史价值和在行业中的地位。

一、政治背景

1976年粉碎"四人帮"后,中国政局发生了重大变化。1978年,党的十一届三中全会召开,会议确定了将工作重心转移到经济建设上来和实行改革开放的伟大决策,并提出了"以计划经济为主,市场调节为辅""对内搞活,对外开放"的方针。1979年,中国广告业开始复苏,沉寂了10多年的广告业终于迎来了春天。

党中央、国务院对我国广告业的恢复和发展十分重视,曾作过多次专门研究,并强调指出:广告不仅是经济问题,而且是思想建设问题;这两个方面必须统一起来,必须坚持社会主义经营方向,坚持广告的真实性、科学性和艺术性。这一指示为我国广告业的发展指明了方向。

1979年11月,中共中央宣传部发布的《关于报刊、广播、电视台刊登和播放外国商品广告的通知》提出"调动各方面的积极因素,更好地展开外商广告业务",推动了广告业的发展。这一通知实际上肯定了广告是传播经济信息的手段,广告宣传是经济宣传的一部分。这对恢复和发展报刊、广播、电视广告业务,推动其他广告形式的发展,具有重要意义。

1980年,国务院根据工商行政管理局对广告市场情况的报告,及时批示:由国家经委(国家经济委员会,1988年撤销)牵头,工商行政管理局参加,着手制定广告管理办法。随后,国务院又根据财贸小组的报告,进一步明确广告隶属于工商行政管理局管理,以便建立广告行业管理机构,以指导整顿全国广告行业,保证广告事业沿着社会主义道路前进。

正是党中央、国务院的一系列措施保证和促进了我国广告行业的恢复和快速发展,为广告行业的发展奠定了坚实的政治基础。

二、经济背景

商品经济的快速发展为我国广告业的发展提供了巨大的潜在市场和展示舞台,形成了对广告服务的直接需求。

十一届三中全会后,我国经济开始迅速发展。随着经济改革的深入、社会生产效率的提高,越来越多的商品进入市场,广大群众深深地体会到改革开放所带来的好处。各类商品虽未达到丰富,但是已经开始走出匮乏。此时的企业越来越重视市场营销,广告投入也随之增加。

就各行业的广告投放情况看,电器产品广告越来越多地进入各类传媒。电视机、电冰箱在市场上走俏,人们的物质追求由原先的手表、自行车、缝纫机、半导体收音机转向电视机、电冰箱、洗衣机、录音机。消费市场的变化,既标志着人民生活水平的提高,也标志着中国广告业将步入一个新的发展阶段。

与此同时,广告行业开始出现乱象,一些夸张、虚假、欺骗之类的广告大量出现,引起了广大消费者的不满,同时也引起了有关主管部门的重视。

三、行业背景

随着广告业的恢复,广告行业规模不断扩大,专业广告公司、广告媒介、广告理论研究、广告教育和对外交流都有了很大的发展。

(一)广告公司的发展

根据《中国广告年鉴》的数据,1979年以前,全国经营广告的国内公司不过10家,报刊、电台、电视台基本上不经营广告业务。到1981年底,全国经营广告的公司已有60多家,报纸、杂志1000多家,电台和电视台100多家,全国广告从业人员共有1.6万余人,全国广告经营单位的营业额达1.1亿元,其中创汇折合人民币1100万元。

1983年到1986年,我国广告经营单位、广告从业人员和广告营业额的年均增长率分别为36.9%、27.55%、47.65%。截至1987年,全国广告经营单位已有8225家,从业人员92279人,全年营业额11.12亿元。我国广告行业可谓发生了翻天覆地的变化。

1986年,专业广告公司提出了"以广告创意为中心,全面服务"的口号,广告公司开始提供广告策划、市场调查等服务项目。同时,广告公司也不断引进新的广告运作模式,迅速接受了西方的现代广告观念。"品牌形象论""USP理论""CI理论""品牌个性论"等理论逐渐传入国内。

(二)广告媒体的发展

在"文化大革命"期间,广告业受到了冲击和破坏,媒体系统的广告业务完全停止。1978年后,随着广告行业的复苏,媒体广告业务才开始恢复。全国各地很多报刊、广播、电视台纷纷开展广告业务,成立了相应的广告部门。此时,广告媒介中90%的广告业务为电视、广播、报纸、杂志所垄断。

(三)广告理论研究的发展

中国的广告理论研究也在不断发展。1979年1月14日,《文汇报》发表了《为广告正名》的文章,提出"有必要把广告当作促进内、外贸易,改善经营管理的一门学问对待"。此文为广告业的发展做了舆论准备。

1979年10月27日,中国国内第一家专业广告杂志《中国广告》在上海问世。《中国广告》杂志是一份极具权威性、实用性与知识性的刊物。在随后的几年里,《国际广告》《现代广告》等都相继出版发行。它们的出现有力地推动了国内广告理论研究和广告活动的开展。

1982年2月23日,中宣部和国务院财贸小组批准成立"中国广告学会",这是我国改革开放后批准成立的第一个广告学术组织。此后,广告界的权威机构和资深人士纷纷通过召开学术研讨会以及出版发行广告类的专业报纸、杂志及学术著作的方式对广告进行广泛而深入的学术研究。广告学作为一门独立的学科在中国逐步建立。

(四)广告教育与交流的发展

广告教育和广告人才的培养也得到了很大的发展。这一时期,我国广告从业人员的知识水平在市场调查、广告策划、广告创作、信息反馈等实际工作中远不能有效地为客户提供高质量的服务。所以,必须加强广告人才的培养。

从20世纪80年代初开始,全国各地开始举办不同形式的广告学习班、辅导班、培训班等,培养了一批应急广告人才。此外,部分高校也在此时被认定为广告人才的重要培养基地。1983年5月,厦门大学开办了全国第一个广告学专业,并正式面向全国招生。到了20世纪90年代,在高校范围内掀起了兴办广告学专业的热潮。1994年,北京广播学院(今中国传媒大学)成立了我国内地第一个广告学系。高校为我国培养了大批高素质的广告人才,使我国的广告人才队伍不断扩大,不断走向专业化。

在对外交流方面,我国广告业也取得了很大的发展。1982年10月,内地第一次组团访问了香港广告界,了解了香港广告业的情况,学习了先进的广告经营理论和管理经验,考察了当地的广告公司,受益匪浅。

1984年,我国广告界应邀首次派代表出席了在日本东京召开的第二十九届国际广告大会。此后又相继参加了第三十、第三十一、第三十二届广告大会。自1986年开始,我国又参加了亚广联第十六届及其以后的广告大会,以及国际户外广告会议和国际广告研讨会亚太地区分会等一系列国际广告业活动。

这些活动,使我国了解了世界广告业的发展情况,学习了先进的管理经验和管理理论,加深了与其他国家的联系和交流,促进了我国广告行业的快速发展。

四、广告立法与管理实践

1979年以前,广告管理工作是分散的,没有明确统一的广告管理机关和全国性广告法律、法规,广告管理工作无章可循,经营广告的单位各自为政,在广告内容、广告设计和广告经营等方面都存在着一些混乱现象:有的广告内容虚假,欺骗群众;有的经营单位单纯为了赚钱,在宣传某些特殊商品时,不注意国家的政策和国情,造成了不良影响。

(一)《广告管理暂行条例》的实施和完善

为了解决当时的广告行业混乱状况、加强广告管理、促进我国广告事业的健康发展,

1982年2月6日，国务院颁布了《广告管理暂行条例》。《广告管理暂行条例》于当年5月1日开始执行。同年6月5日，工商行政管理局颁布了《广告管理暂行条例实施细则》，进一步细化和补充了《广告管理暂行条例》。

从1982年到1987年，结合广告事业的发展状况，依据《广告管理暂行条例》和《广告管理暂行条例实施细则》，国家工商行政管理局会同国务院有关部门又先后制定了一系列单项广告管理条例。

（二）相关管理制度的出台

1982年10月，国家工商行政管理局发出了《关于外商广告经营单位审批权限和佣金问题的通知》。

1983年10月，国家工商行政管理局会同财政部发出了《关于企业广告费用开支问题的若干规定》。规定确认了广告费用可以列入成本从销售费用开支。

1984年，国家工商行政管理局发出了《关于烟酒广告和代理广告业务收取手续费的规定通知》。通知规定禁止利用广播、电视、报纸、书刊、路牌、灯箱、霓虹灯、招贴等媒体做卷烟和40度以上（含40度）烈性酒的广告。

1984年4月，国家工商行政管理局会同文化部、教育部、卫生部发出了《关于文化、教育、卫生、社会广告管理的通知》。通知进一步明确了文化、教育、卫生、社会广告管理的范围。

1985年4月，国家工商行政管理局会同文化部、商业部、中国人民银行、国家体育运动委员会联合发布了《关于加强对各种奖券广告管理的通知》。通知规定禁止刊播产品有奖销售广告。

1985年4月，国家工商行政管理局、广电总局、文化部印发了《关于报纸、书刊、电台、电视台经营刊播广告有关问题的通知》。通知规定禁止以新闻名义招揽广告。

1985年，国家工商行政管理局会同卫生部联合发出了《关于加强药品广告管理的通知》。通知规定药品广告的内容必须经省、自治区、直辖市一级卫生主管部门审查同意，并根据批准的内容刊播广告，经批准刊播的广告内容不得随意修改。

1985年9月，国家工商行政管理局与财政部联合印发了《关于加强赞助广告管理的若干规定》，该规定划清了赞助与赞助广告的界限。

1986年，国家工商行政管理局会同国家体育运动委员会发出了《关于加强体育广告管理的暂行规定》。规定指出举办赞助性体育广告活动，属全国和国际性的，需纳入国家体委年度比赛计划，经国家工商行政管理局批准，体育活动结束60天内，主办单位应将广告费收支结算报送财政审计机关。

1987年，卫生部、国家工商行政管理局、广播电影电视部、新闻出版署联合发出了《关于进一步加强药品广告宣传管理的通知》。通知规定食品和药品类的广告内容都必须经当地省、自治区、直辖市卫生厅局的药政部门审查批准。

1987年，国家工商行政管理局、卫生部联合发出了《食品广告管理办法（试行）》。办法指出发布该文件中规定的产品的广告，必须经省、自治区、直辖市或其授权的地（市）级以上食品卫生监督机构批准。

1982 年,为了贯彻执行《广告管理暂行条例》,在全国广告工作会议上,提出了《关于整顿广告工作的意见》。在随后的整顿工作中,按照《广告管理暂行条例》和《广告管理暂行条例实施细则》的规定,对虚假广告、户外广告的规划和安排等问题进行了一次整顿。整顿广告工作是为了纠正当时存在的问题,更好地推动我国广告事业的健康发展,而不是消极地限制和束缚。整顿后,我国广告行业在思想水平上和业务水平上都有了很大提高,有力地推动了我国广告事业的健康发展。

(三) 成就与不足

《广告管理暂行条例》《广告管理暂行条例实施细则》以及单项广告管理法规得以贯彻后,许多企业通过广告宣传产品品种、质量、性能和使用方法。这对扩大流通、沟通产销、促进生产、扩大市场、方便人民生活以及发展国际经济贸易等,起到了积极作用,初步克服了我国广告管理和经营中的某些混乱现象。"广告要为搞活经济,为促进经济利益服务"的思想开始树立,广告事业的健康发展得到了保证。

随着广告业的发展,很多新的问题又开始出现。《广告管理暂行条例》的一些条款已经不能适应广告业的发展需要。如有些企业以广告宣传的名义违规赠送产品、实物或直接投资,或滥用广告费用等,不仅增加了企业成本开支,减少了国家的财政收入,而且助长了不正之风,给社会主义物质文明和精神文明建设带来了不利影响。《广告管理暂行条例》在应对这些新问题时表现出了很大的局限性,所以急需要对《广告管理暂行条例》进行修改,以适应不断变化的新形势。

五、《广告管理条例》的颁布

在《广告管理暂行条例》和《广告管理暂行条例实施细则》的基础上,1987 年 10 月 26 日,国务院以国发[1987]94 号令,发布了《广告管理条例》,要求各省、自治区、直辖市人民政府,国务院各部委,各直属机构遵照执行。该条例于当年 12 月 1 日开始施行。

《广告管理条例》使我国广告管理法规获得发展和完善。它不仅为广告管理工作提供了更为全面、具体的法律依据,而且用法律形式把广告宣传和广告经营管理的行为规范确立下来,为广告事业的健康发展提供了法律保障。

《广告管理条例》是对《广告管理暂行条例》的发展和完善。1988 年 1 月 9 日,国家工商行政管理局发布了《广告管理条例施行细则》。这两个新法规的颁布可以看作是我国广告管理工作进一步完善的标志。

第三节 《广告管理条例》的主体认知

从《广告管理条例》颁布生效至今,它在调整和规范行业发展方面发挥了巨大作用,成为规范广告活动的主要法规,它所积累的宝贵经验也为 1995 年实施的《中华人民共和国广告法》的制定奠定了良好的立法基础。目前,它与《中华人民共和国广告法》及其他法律、法规共同构成了我国广告行业规范发展的法律体系。

一、《广告管理条例》的主要内容和进步性

(一)《广告管理条例》的主要内容

《广告管理条例》共二十二条,主要涉及立法目的、调整范围、主要原则、主管机关、经营资格规范、广告内容的合法性要求、广告发布主体行为的规范要求、户外广告活动规范、违法责任等。国家工商行政管理局负责该条例的解释和实施细则的制定工作。

《广告管理条例》第一条明确指出了制定该条例的目的是"加强广告管理,推动广告事业的发展,有效地利用广告媒介为社会主义建设服务"。《广告管理条例》相对于《广告管理暂行条例》的最大特点就是突出了"宏观管住,微观搞活"的立法思想,体系上则更加成熟、规范和完备。

(二)《广告管理条例》的进步性

从主要内容和特点看,《广告管理条例》的进步性主要体现在以下几个方面。

1. 对广告的界定更科学,具有对非商业性广告的调整效力

《广告管理条例》在广告管理范围的界定上更科学,更符合市场情况。之前的《广告管理暂行条例》对广告主、广告形式等的理解上都存在着明显的缺陷,不符合快速发展的市场情况。

《广告管理暂行条例》所认定的广告行为是:"一切企业、事业单位,为了推销商品或者提供收取费用的劳务、服务,利用报刊、广播、电视、电影刊登、播放广告,或者在公共场所设置、张贴广告。"《广告管理条例》所认定的广告行为是:"凡通过报刊、广播、电视、电影、路牌、橱窗、印刷品、霓虹灯等媒介或者形式,在中华人民共和国境内刊播、设置、张贴广告。"

尤其值得一提的是,在调整非商业广告方面,《广告管理条例》有着特殊的作用。这是因为《广告管理条例》中并未将商业广告与非商业广告作明确的区分,所以《广告管理条例》中所制定的有关广告管理措施就自然适用于非商业广告。

2. 放宽了对广告经营主体的限制,对促进行业竞争意义巨大

《广告管理条例》对广告经营主体的管理有了明显变化,放宽了限制,针对不同主体进行了不同的资格要求,很好地体现了"微观搞活"的指导思想。

《广告管理条例》第六条规定:经营广告业务的单位和个体工商户(以下简称广告经营者),应当按照本条例和有关法规的规定,向工商行政管理机关申请,分情况办理审批登记手续。为此,该条列举了四种情况:专营广告业务的企业,发给《企业法人营业执照》;兼营广告业务的事业单位,发给《广告经营许可证》;具备经营广告业务能力的个体商户,发给《营业执照》;兼营广告业务的企业,应当办理经营范围变更登记。

3. 对广告内容的合法性要求更符合国情

《广告管理条例》对广告内容管理的总体原则与《广告管理暂行条例》是一致的,都要

求广告内容清晰、明白、真实,不得误导和欺骗,禁止刊播违反我国法律法规、有损国家尊严等内容的广告。不过在禁止条款上还是有所变化:《广告管理条例》删除了禁止"违反国家保密规定的"这一项,增加了禁止"有中国国旗、国徽、国歌标志,国歌音响的""弄虚作假的"这两项。

4. 对广告行为的规范更加细致和具有可操作性

《广告管理条例》明确了各种广告"宣传"的"举证"责任,共有八项之多。比如:(1)标明质量标准的商品广告,应当提交省辖市以上标准化管理部门或者经计量认证合格的质量检验机构的证明;(2)标明获奖的商品广告,应当提交本届、本年度或者数届、数年度连续获奖的证书,并在广告中注明获奖级别和颁奖部门;(3)标明优质产品称号的商品广告,应当提交政府颁发的优质产品证书,并在广告中标明授予优质产品称号的时间和部门;(4)标明专利权的商品广告,应当提交专利证书;(5)标明注册商标的商品广告,应当提交商标注册证;等等。

这些内容对一些虚假宣传的广告行为起到了很好的规范作用,有利于进一步规范竞争秩序。

5. 对广告收费标准的规定更加完善,提出的"业务代理费"意义重大

《广告管理条例》对广告收费标准的规定更加完善,同时提出了一个很重要的概念,就是"业务代理费",这为日后我国实施广告代理制度奠定了初步的管理和实践基础。《广告管理条例》第十五条规定:"广告业务代理费标准,由国家工商行政管理机关会同国家物价管理机关制定。"此外,该条款还专门规范了其他事项的收费:"户外广告场地费、建筑物占用费的收费标准,由当地工商行政管理机关会同物价、城建部门协商制订,报当地人民政府批准。"

6. 对违法行为的处罚更科学,处罚手段更加丰富多样

《广告管理条例》对违法行为的处罚手段更加多样化,更具针对性,更注重实际效果,同时还提供了救济制度。之前的《广告管理暂行条例》对违法行为的处罚主要采取"警告、罚款、暂停营业或者吊销广告营业执照"等行政性处分和经济赔偿责任措施,只有情节恶劣、后果严重的才会由人民法院依法处理。

在《广告管理条例》中,对于违反规定的,将视情节分别给予处罚:停止发布广告,责令公开更正,通报批评,没收非法所得,罚款,停业整顿,吊销营业执照或者广告经营许可证;违反该条例规定,情节严重、构成犯罪的,由司法机关依法追究刑事责任。

《广告管理条例》还指出:"广告客户和广告经营者对工商行政管理机关处罚决定不服的,可以在收到处罚通知之日起十五日内,向上一级工商行政管理机关申请复议。对复议决定仍不服的,可以在收到复议决定之日起三十日内,向人民法院起诉。"

总的来说,虽然现在我国主要以《中华人民共和国广告法》为主要法律依据,但是《广告管理条例》在对整个广告业的运作管理上仍然发挥着重要作用,这在日后的很多广告立法中都得到了体现。

二、《广告管理条例》的基本原则

法律原则是某一法律若干基本观念的概括体现,也是某一特定社会关系的集中概括。《广告管理条例》的基本原则是指在《广告管理条例》的指导下,在广告立法和广告执法活动中始终坚持和体现的指导思想。它以内在统一性贯穿于整个广告法律、法规之中,决定着《广告管理条例》的基本内容和具体要求,反映了《广告管理条例》的本质和目的。《广告管理条例》的基本原则如下。

(一)真实性原则

真实性原则是《广告管理条例》的核心原则。《广告管理条例》第三条规定:"广告内容必须真实、健康、清晰、明白,不得以任何形式欺骗用户和消费者。"广告必须真实是几乎所有国家对广告的要求,因为广告作为一种强大的商业宣传手段,在企业资金的支持下可以反复地、长期地、全方位地出现在消费者的生活中,直接影响着消费者的消费决定和消费观念。此外,发布虚假广告是破坏市场竞争秩序的不正当竞争行为。从维护市场经济健康发展的角度看,要求广告必须真实。所以,真实性原则也是最基本的原则。

(二)保护消费者合法权益原则

除了《广告管理条例》第三条的规定外,第二十条规定:"广告客户和广告经营者违反本条例规定,使用户和消费者蒙受损失,或者有其他侵权行为的,应当承担赔偿责任。"保护消费者权益是国家以人为本执政理念的贯彻和体现,是党和国家服务人民所必须坚守的原则,也是维护社会稳定的前提,否则一切无从谈起。

(三)公平竞争原则

《广告管理条例》第四条规定:"在广告经营活动中,禁止垄断和不正当竞争行为。"没有公平有序竞争的行业是没有希望的,是难以健康发展的,从根本上也是难以维护广大人民的利益的。从建设市场经济体系的角度看,这是国家经济发展的战略需要。垄断和不正当竞争都会影响市场的正常发展,所以这样的行为必须禁止。

(四)维护国家利益的原则

《广告管理条例》第八条规定:广告有下列内容之一的,不得刊播、设置、张贴:(1)违反我国法律、法规的;(2)损害我国民族尊严的;(3)有中国国旗、国徽、国歌标志、国歌音响的;(4)有反动、淫秽、迷信、荒诞内容的;(5)弄虚作假的;(6)贬低同类产品的。国家利益高于一切,所以广告活动一定不能损害国家的利益,损害国家的名誉。

第四节 《广告管理条例》的实施与完善

1988年,国家工商行政管理局出台了《广告管理条例施行细则》,并先后在1998年、2000年、2004年、2011年对《广告管理条例施行细则》进行了修订。《广告管理条例施行细则》是在《广告管理条例》的基础上,对《广告管理条例》的进一步细化和补充完善,是《广告管理条例》得以有效实施的重要体现和保证,它比《广告管理条例》更为细致化。

一、《广告管理条例施行细则》更具操作性

《广告管理条例施行细则》包含了广告活动中的大部分细微内容,更具有操作性。

1. 对广告范围的界定更具体

《广告管理条例》第二条规定:"凡通过报刊、广播、电视、电影、路牌、橱窗、印刷品、霓虹灯等媒介或者形式,在中华人民共和国境内刊播、设置、张贴广告,均属本条例管理范围。"而《广告管理条例施行细则》(1988)在报刊、广播、电视、电影、路牌、橱窗、印刷品、霓虹灯的基础上,又增加了利用影剧院、体育场(馆)、展览馆、宾馆、饭店、游乐场、商场等场所,利用车、船、飞机等交通工具,通过邮局邮寄或馈赠实物等形式,并规定它们都属于广告管理的范围。

2. 对从事广告经营活动的企业的资格审核提出了专业资质要求

《广告管理条例施行细则》(2004)第三条规定,申请经营广告业务的企业,除符合企业登记等条件外,还应具备下列条件:有负责市场调查的机构和专业人员;有熟悉广告管理法规的管理人员及广告设计、制作、编审人员;有专职的财会人员;申请承接或代理外商来华广告,应当具备经营外商来华广告的能力。

值得一提的是,在《广告管理条例施行细则》(2004)第五条中,专门提到了外资背景的广告经营企业,并作了如下规定:"中外合资经营企业、中外合作经营企业以及外资企业申请经营广告业务,按照《外商投资广告企业管理规定》,参照《条例》、本细则和其他有关规定办理。"此中所提到的《条例》,即《广告管理条例》。

3. 对广告发布单位提出了进一步的要求

《广告管理条例施行细则》(2004)第四条提出广播电台、电视台、报刊出版单位,事业单位以及法律、行政法规规定的其他单位办理广告经营许可登记,应当具备下列条件:具有直接发布广告的媒介或手段,有专门的广告经营机构,有广告经营设备和经营场所,有广告专业人员和熟悉广告法规的广告审查员。

4. 充分细化了《广告管理条例》有关提供证明的规定

《广告管理条例》第十一条有"申请刊播、设置、张贴下列广告,应当提交有关证明"的规定。其中第十一条第(七)项要求"文化、教育、卫生广告,应当提交上级行政主管部门的证明"。这部分要求 在《广告管理条例施行细则》(1988)里面被规定为九种内容要求。

《广告管理条例》中第十一条第(八)项要求"其他各类广告,需要提交证明的,应当提交政府有关部门或者授权单位的证明",这在《广告管理条例施行细则》(2004)里具体分为四类情况:食品广告,各类展销会、订货会、交易会等广告,有奖储蓄广告,个人启示、声明等广告。

5. 明确提出了几项重要的广告管理制度

《广告管理条例施行细则》(1988)提出的几项管理制度有:广告审查制度、业务档案制度等。《广告管理条例施行细则》(1988)指出:"广告经营者必须建立广告的承接登记、复审和业务档案制度。广告业务档案保存的时间不得少于一年。"

6. 明确了广告代理费标准

《广告管理条例施行细则》(1988)里明确指出:"根据《广告管理条例》第十五条的规定,承办国内广告业务的代理费,为广告费的10%;承办外商来华广告付给外商的代理费,为广告费的15%。"此一标准在后来的条例修订中统一为15%的标准。

7. 进一步明确规定了具体的惩罚措施和标准

《广告管理条例施行细则》(2004)最突出的特点就是进一步明确规定了具体的惩罚措施和标准,将主要规范对象确定为广告客户和广告经营者,重点打击弄虚作假和欺骗消费者的行为。同时也对广告发布者的责任进一步提出了要求,比如第二十二条内容规定:"新闻单位违反《条例》第九条规定的,视其情节予以通报批评、没收非法所得、处一万元以下罚款。"

二、《广告管理条例施行细则》的修订与废止

《广告管理条例施行细则》自1988年颁布以来,在1998年、2000年、2004年、2011年先后经过了四次修订。经过不断修订与完善的《广告管理条例施行细则》更为简明,是我国广告管理事业进一步完善和成熟的标志。

为了贯彻落实简政放权、优化服务的改革精神,进一步激发市场活力,保障"稳增长,促改革,调结构,惠民生"政策措施落实落地,国家工商行政管理总局对现行有效的工商行政管理规章进行了清理。经过清理,依《国家工商行政管理总局关于废止和修改部分工商行政管理规章的决定》(国家工商行政管理总局令第86号)于2016年4月29日废止《广告管理条例实施细则》。但其在特别时期对中国广告市场发挥了重要的管理作用,也是随后各单项广告管理规章制定的重要依据,这一点是不容抹杀的。

三、《广告管理条例》的进一步实践和完善

为了进一步整顿广告经营秩序、规范各类广告宣传,国家工商行政管理局会同国务院有关部门,依据《广告管理条例》和《广告管理条例施行细则》制定了十几个单项广告管理规章。

1987年12月,发布了《关于加强五种医疗器械产品广告管理的通知》。

1988年1月,发布了《关于进一步加强电视广告宣传管理的通知》,要求广播、电视不

得中断节目和以新闻报道形式播放广告。

1988年12月,发布了《关于整顿广告经营秩序,加强广告宣传管理的通知》。

1990年10月12日,发布了《关于在全国范围内实行"广告业专用发票"的通知》。

1992年4月23日,发布了《广播电视赞助活动和赞助收入管理暂行规定》。

1993年7月13日,发布了《化妆品广告管理办法》。

1993年9月10日,发布了《关于加强融资广告管理的通知》。

这些单项法规都是在《广告管理条例》和《广告管理条例施行细则》的基础上,依照其基本原则制定的。如国家工商行政管理局根据《广告管理条例》颁布的《化妆品管理办法》(2016年4月29日废止)中规定化妆品广告内容必须真实、健康、科学、准确,不得以任何方式欺骗和误导消费者。这就秉承了《广告管理条例》中的真实性原则:《广告管理条例》中规定广告内容必须真实、健康、清晰、明白,不得以任何形式欺骗用户和消费者。

在《关于加强融资广告管理的通知》中,规定融资广告应当保证其内容的准确性和完整性,确保公众对广告内容(如投资机会、资金用途、附加条件)有充分的了解,不得夸大或隐匿关键的内容。对于有风险的融资活动,必须在广告中予以说明,不得利用融资广告欺骗或误导公众。这一规定,既体现了真实性原则,又坚持了保护消费者的原则。

总之,这一系列单项管理规章,针对与人民生产生活密切相关的商品作出具体规定,因而这些法规有着很强的针对性和可操作性,在我国广告管理体系中发挥过或仍在发挥着重要作用。

1994年,《中华人民共和国广告法》颁布,并于1995年2月正式生效,它可以被看作是《广告管理条例》和《广告管理条例施行细则》立法与实践成果的结晶。之后,国家有关部门以及各地方政府依据《中华人民共和国广告法》和《广告管理条例》又先后颁布了一系列针对广告行业的法律、法规。

思考·案例·练习

1. 对比《广告管理暂行条例》与《广告管理条例》的主要内容,分析《广告管理条例》的进步性。

2. 试述《广告管理条例》的主要原则。

3. 案例与讨论。

材料一 1982年《广告管理暂行条例》

第四条 专营广告的广告公司和兼营或者代理广告业务的企业、事业单位(以下简称广告经营单位),必须按照工商企业登记管理条例的规定,申请登记,领取营业执照。未经登记,或者申请登记未获批准的,不得承办广告业务。承办外商广告的单位,必须经省、自治区、直辖市以上进出口管理委员会审查同意。

私人不得经营广告业务。

材料二　1987年《广告管理条例》

第六条　经营广告业务的单位和个体工商户（以下简称广告经营者），应当按照本条例和有关法规的规定，向工商行政管理机关申请，分别情况办理审批登记手续：

（一）专营广告业务的企业，发给《企业法人营业执照》；

（二）兼营广告业务的事业单位，发给《广告经营许可证》；

（三）具备经营广告业务能力的个体商户，发给《营业执照》；

（四）兼营广告业务的企业，应当办理经营范围变更登记。

材料三　1988年《广告管理条例施行细则》

第三条　申请经营广告业务的企业，除符合企业登记等条件外，还应具备下列条件：

（一）有负责市场调查的机构和专业人员；

（二）有熟悉广告管理法规的管理人员及广告设计、制作、编审人员；

（三）有专职的财会人员；

（四）申请承接或代理外商来华广告，应当具备经营外商来华广告的能力。

第四条　兼营广告业务的事业单位，应当具备下列条件：

（一）有直接发布广告的手段以及设计、制作广告的技术、设备；

（二）有熟悉广告管理法规的管理人员和编审人员；

（三）单独立账，有专职或兼职的财会人员。

第五条　中外合资经营企业、中外合作经营企业申请经营广告业务，参照《条例》、本细则和有关规定办理。

第六条　申请经营广告业务的个体工商户，除应具备《城乡个体工商户管理暂行条例》规定的条件外，本人还应具有广告专业技能，熟悉广告管理法规，并经考试审查合格。

材料四　2004年第三次修订《广告管理条例施行细则》

第三条　申请经营广告业务的企业，除符合企业登记等条件外，还应具备下列条件：

（一）有负责市场调查的机构和专业人员；

（二）有熟悉广告管理法规的管理人员及广告设计、制作、编审人员；

（三）有专职的财会人员；

（四）申请承接或代理外商来华广告，应当具备经营外商来华广告的能力。

第四条　广播电台、电视台、报刊出版单位，事业单位以及法律、行政法规规定的其他单位办理广告经营许可登记，应当具备下列条件：

（一）具有直接发布广告的媒介或手段；

（二）设有专门的广告经营机构；

（三）有广告经营设备和经营场所；

（四）有广告专业人员和熟悉广告法规的广告审查员。

第五条　中外合资经营企业、中外合作经营企业以及外资企业申请经营广告业务，按照《外商投资广告企业管理规定》，参照《条例》、本细则和其他有关规定办理。

第六条　申请经营广告业务的个体工商户，除应具备《城乡个体工商户管理暂行条例》规定的条件外，本人还应具有广告专业技能，熟悉广告管理法规。

材料五　2011年第四次修订《广告管理条例施行细则》

为贯彻实施《中华人民共和国行政强制法》,根据《国务院关于贯彻实施〈中华人民共和国行政强制法〉的通知》(国发[2011]25号)的要求,对国家工商行政管理总局制定和发布的《广告管理条例施行细则》等5部规章中不符合《中华人民共和国行政强制法》规定的有关内容进行如下修改,自2012年1月1日起施行。删去《广告管理条例施行细则》第二十六条中的"逾期不拆除的,强制拆除,其费用由设置、张贴者承担。"

材料六　废止《广告管理条例施行细则》

依《国家工商行政管理总局关于废止和修改部分工商行政管理规章的决定》(国家工商行政管理总局令第86号)于2016年4月29日废止《广告管理条例施行细则》。

讨论:

1. 根据以上资料,总结我国对广告经营主体资格的管理有哪些变化,并分析造成这些变化的主要原因。

2. 《广告管理条例施行细则》经过了颁布、修订,直到废止,基于此总结出我国广告管理的重点、特点及方向。

第二章 《广告法》概述

本章提要：2015年4月24日，中华人民共和国第十二届全国人民代表大会常务委员会第十四次会议修订通过了《中华人民共和国广告法》，自2015年9月1日起施行。这是一部新型的社会主义性质的部门行政法，是目前我国广告业效力最高的法律。《中华人民共和国广告法》体现了国家对广告的社会管理职能，有着特定的调整范围和对象。

第一节 我国广告法律体系概述

法律体系，就是指一个国家全部现行法律规范分类组合为不同的法律部门而形成的有机联系的统一整体。简言之，法律体系就是部门法体系。而部门法，也称法律部门，是根据一定标准、原则所制定的同类规范的总称。研究我国法律体系对于更加全面地认识与理解法的本质、促进国家立法活动、加强法制教育与法制宣传、学习与借鉴国外立法经验等都有着重要的理论意义与实践价值。

广告法律体系主要是指调整广告管理者、广告主、广告经营者以及广告发布者广告活动的有关法律、法规、规章的总称。法律是指由全国人民代表大会及其常务委员会依照立法程序制定的规范性文件，具有普遍的约束力和强制力。法规是指国务院以及地方国家权力机关依照宪法、法律、法令制定的规范性文件的总称。规章是国家行政机关依照法律、行政法规在其职权范围内制定的有关行政管理的规范性文件，分为部门规章和地方政府规章。

一、我国广告法律体系的历史沿革

我国的广告法制化进程经过了由简单、粗放向整合、密集的阶段发展，到目前为止已经形成了以《中华人民共和国广告法》为核心，以《广告管理条例》等相关法律、法规规范为辅助的相对完备的法律体系。了解我国的广告法律体系对完善我国的广告法制建设、促进我国广告行业的法制化发展有着重要的现实意义。

从我国广告法律体系的发展历程看，法制化过程大致可分为以下五个阶段。

（一）广告法制建设的起步阶段（1949～1956年）

这一时期，广告业在一些中心城市已经有了一定的发展，从社会管理的角度提出了对广告内容、广告活动依法规范的要求。例如,天津、上海两市分别于1949年公布了《广告管理规则》,这成为中华人民共和国最早的广告管理行政规定。此后,广州、重庆、西安、武汉等城市也相继出台了有关的行政管理规定,明确了广告规范的范围、广告内容的禁止性规定、出证制度、广告经营许可证制度等方面的内容。

(二)广告法制建设的增强阶段(1956~1966年)

在这一时期,伴随着经济的快速增长和国家法制化建设的加强,广告管理的法制化建设得到进一步加强:各大城市的广告管理法规、规章相继根据国家有关部门的指示作了趋于一致的修改、完善和重要补充,注意到了商业广告的积极作用及其与非商业性广告在管理上的区别,广告媒体的范围和户外广告设置的范围有所放宽。这些管理方面的规章制度的出台和实施促进了我国广告业的进一步发展和繁荣。

(三)广告法制建设的停滞阶段(1966~1976年)

在这一时期,广告的积极作用被否定,广告事业作为封资修(封建主义、资本主义、修正主义的简称)的产物被肆意阻挠与破坏,广告管理机构被解散,广告法制建设遇到了前所未有的阻碍,广告法制建设基本处于停滞状态。

(四)广告法律体系的初步形成阶段(1976~1994年)

这一时期,我国广告法制建设取得突破性进展,呈现出高层次、细分工的特征,勾画出了我国广告法律体系的基本架构,为《中华人民共和国广告法》的制定奠定了坚实的理论与实践基础。这一阶段,我国先后发布了《广告管理暂行条例》(1982年2月6日发布)和《广告管理暂行条例实施细则》(1982年6月5日发布)以及一系列相关的行政规定。5年后,我国又先后发布了《广告管理条例》和《广告管理条例施行细则》。在以后的几年里,国家工商行政管理局单独或会同有关部门修改、完善和制定了一系列与《广告管理条例》相配套的行政规章与规范性文件。

(五)广告法制建设体系的完善阶段(1994年至今)

1994年10月27日,《中华人民共和国广告法》(以下简称《广告法》)经第八届全国人民代表大会常委会第十次会议讨论通过并于1995年2月1日正式施行,《广告法》的颁布和施行标志着我国广告管理法制化迈入一个崭新的阶段。为保证《广告法》的贯彻实施,国家工商行政管理局单独或会同有关部门发布了涉及广告经营资格、广告发布标准等多方面内容的行政规章和规范性文件20余项。各省级政府也制定了地方性广告法规、规章20余项。2015年4月24日,《广告法》由第十二届全国人民代表大会常务委员会第十四次会议修订通过,自2015年9月1日起施行。此时,我国已经形成了以《广告法》为核心和主干、以《广告管理条例》为必要补充、以国家工商行政管理总局单独或会同相关部门制定的行政规章为具体操作依据、以地方行政规定为实际针对性措施、以行业自律规则为重要补充的多层次法律体系。

二、我国内地广告法律体系概述

我国内地广告法律体系是一个十分庞大复杂而又相对独立的经济法律体系,是由基本法《广告法》,主要法规《广告管理条例》《广告管理条例施行细则》,相关法律、行业规章、政策性文件,组成的系统性的法律体系。其主要特点体现在如下方面。

（一）多层次广告法律体系

《广告法》和《广告管理条例》。《广告法》是体现国家对广告活动的社会管理职能的一部行政管理法律,其调整的对象侧重于商业广告。《广告法》是规范我国广告活动和广告内容的基本大法,其管理力度与涵盖面是其他广告法规所不能比拟的。《广告管理条例》在弥补《广告法》的不足方面有着不可替代的作用。由于《广告法》的规范对象为商业广告,所以《广告管理条例》中有关非商业广告的相关管理措施是有效的。

国家工商行政管理局单独或会同有关部门制定的有关广告监督管理的行政规章和规定。例如,《广告管理条例施行细则》《酒类广告管理办法》等,是依据《广告法》与《广告管理条例》的相关内容制定的具体规定,有很强的针对性和实际操作性,是我国广告法律体系的重要组成部分,发挥着重要作用。该类规定正处于不断充实完善的过程中,是我国广告法制体系中较为活跃的组成部分。

地方性行政规定。例如,广东、湖北等省制定的户外广告管理规定,甘肃等省制定的广告监督管理条例,北京、上海、辽宁等省市制定的一些关于特定广告活动或商品服务广告的行政规定等,在全国广告业发展不平衡、广告管理工作基础不尽一致的情况下,有针对性地解决了本地区的实际问题和群众反映比较强烈的一些倾向性问题,是我国法律、法规和部门规章、规范性文件的组成部分,为将来完善国家的有关规定提供了有益的实践经验。

中国广告协会制定的《广告行业自律规则》。中国广告协会第四届第三次理事会于1996年通过的《广告宣传精神文明自律规则》,在约束行业成员方面起着重要作用。

1993年7月,由国家工商行政管理局和国家计划委员会联合制定的《关于加快广告业发展的规划纲要》,作为国家对广告业发展的指导性意见,实际上也是我国广告法律体系的重要组成部分。它确立了广告业是第三产业的重要组成部分,属于知识密集、技术密集、人才密集的高新技术产业,有利于明确广告业的发展目标和发展重心。

广告作为一般意义上的经济活动和商业传播行为,同时也受到《中华人民共和国刑法》《中华人民共和国民法通则》等相关规定和国家某些经济、社会管理方面的法律、法规的约束和规范,其中就包括《中华人民共和国反不正当竞争法》《中华人民共和国消费者权益保护法》《中华人民共和国产品质量法》《中华人民共和国药品管理法》《中华人民共和国环境保护法》等。这些法律在规范广告活动方面起着直接或间接的作用,在庞杂的广告法律体系中扮演着辅助性角色。

(二) 广告法律体系的涵盖面广

以商业广告为调整对象的《广告法》，辅助以社会类、公益类广告为调整对象的《广告管理条例》，还有出台的《化妆品广告管理办法》《医疗广告管理办法》《广告显示屏管理办法》《印刷品广告管理办法》《广告语言文字管理暂行规定》《烟草广告管理暂行办法》《关于加强加工承揽广告管理的通告》《关于加强专利广告出证管理的通知》《关于加强电视直销广告管理的通知》等单项规章及规范性文件，从多方面对广告活动进行了规范。

(三) 广告法律体系中程序性规定、限制性规定、政策性规定齐全

广告规范中的程序性规定主要有药品、医疗器械、农药、兽药广告审查标准，这样的程序性规定主要在《临时性广告经营管理办法》《户外广告登记管理规定》《广告服务收费管理暂行办法》等法规中体现。

限制性规定的法规主要有《烟草广告管理暂行办法》《酒类广告管理办法》等。资格条件规定的法规主要包括《关于设立外商投资广告企业的若干规定》《广告经营者、广告发布者资质标准及广告经营范围核定用语规范》《广告审查员管理办法》等。

政策性规定的法规主要有《关于加快广告业发展的规划纲要》等。

三、我国港台地区广告法律体系概述

(一) 香港地区广告法律体系概述

早在 100 年前，香港就已经出现了广告牌。20 世纪 30 年代，香港广告业正式形成。随着经济的发展，20 世纪 60 年代中后期，香港的广告业已比较成熟，各类广告公司相继成立，广告形式也愈加丰富。

与中国内地的广告法律体系相比，香港地区的广告法律体系与西方发达国家的广告法律体系更为接近：没有专门的独立的广告大法，其广告法规多散见于针对某一方面的单项广告管理法律规范以及其他行业法律规范中，如《电视广告标准》《香烟及烟草广告标准》《医药广告标准》《电视条例》《商标条例》《版权条例》《药剂及毒药条例》《公众娱乐场所条例》《商品说明条例》等 20 余项。其中，《电视广告标准》是由影视及娱乐事务管理处制定的香港最为重要的广告行业管理法规。《电视广告标准》要求广告必须合法、健康、正确、诚实。这一原则不仅适用于电视广告，也适用于全港各媒介刊播的一切广告类型。

香港地区的广告行业自律十分发达，尤以香港广告商会（即 4A 广告协会）最为权威与著名。由其制定的《香港广告商会自律准则》被誉为香港业内的首要自律准则，是香港地区广告法律体系的重要组成部分。

(二) 台湾地区广告法律体系概述

自 1961 年台湾第一家综合广告代理商——台湾广告公司成立后，随着经济的复苏与发展，台湾广告业保持着持续增长的良好势头。20 世纪 90 年代，台湾广告业进入了全面

成熟期。

　　同香港地区广告法律体系相似,台湾地区的广告法律体系也主要由针对某一方面的单项广告管理法律规范以及相关法律规范中涉及广告管理的部分组成,如《广播电视法》《食品卫生管理法》《化妆品卫生管理条例》《户外广告管理办法》《药物药商管理法》等。

　　1976年1月8日,台湾地区现行的广播电视事业基本法——《广播电视法》公布实施。该法共七章五十一条,在其中的第四章"广告管理"中对广播电视广告活动作出了全面而具体的规定。1976年12月公布的《广播电视法实施细则》,对进出口广播电视节目的程序、广告播送方式、数量分配、审查程序及办法等作了详细规定。

　　1982年5月,台湾当局对《广播电视法》进行了修订,增加了"广告推广宣传"的内容,删除了"广告需收取报酬"的描述,并增订了录像带节目及广播电视节目公营事业的管理规定,这标志着台湾地区广告行政管理机构对广告事业以及对其在社会经济发展过程中的重要作用的肯定。《广播电视节目供应事业管理规则》中规定了从事广播电视广告策划、制作的公司或其他法人组织应具备的条件,包括资金、人员、场地以及审批程序等[①]。

　　台湾地区行业组织的自律规范主要有《广告人自律纲要》《报业道德规范》《无线电广播道德规范》《电视道德规范》《新闻事业广告规约》《会员承揽广告协约》等。这些活动准则的内容与法律规范相一致,但突出体现了自我调整的特点。它们不仅仅是相应广告主体的活动准则,也是特定自律组织的组织章程和行为规范,是台湾地区广告法律体系的重要组成部分,在台湾地区广告活动管理规范过程中发挥着不可小觑的作用。

第二节　《广告法》的性质和立法目的

　　《广告法》是我国历史上第一部较全面地规范广告内容及广告活动的法律,也是体现我国对广告的社会管理职能的部门行政法。

一、《广告法》的性质

　　《广告法》是一部新型的社会主义性质的法律,是建立在社会主义经济基础之上的上层建筑,具有鲜明的社会主义性质。《广告法》是代表人民群众的意志和利益的法律,是新中国成立以来我国第一部系统的、全面的广告法规。它不仅是在中国境内所有从事广告活动的广告人和广告主都必须遵守的共同性规则,也是制定其他相关行政类广告法规以及地方性广告法规的立法依据。

　　《广告法》是广告界的根本大法。《广告法》的颁布和施行,使我国广告业的发展真正达到了有法可依、有章可循的地步,并与以往国家行政部门颁布的相关法规构成完整的广告法律体系,使我国的广告业开始走上了法治化轨道。

---

① 吕蓉:《广告法规管理》,上海:复旦大学出版社2007年版,第248页。

二、《广告法》的立法目的

《广告法》的颁布和实施,在我国广告业的发展史上是没有过的。它的颁布和实施是我国改革开放的结果,是广告业日益发展、日益成熟的结果,是我国社会主义市场经济体制逐渐成熟的结果,更是依法维护广告市场的重要标志。

《广告法》的立法目的表现在以下几个方面:

第一,规范广告活动。广告活动是一种社会活动,通过有计划地自我宣传,达到影响社会意识和心理的目的。广告主、广告经营者和广告发布者作为广告活动主体的基本成员,其广告行为对社会公共利益负有重要的义务和责任。而商业广告活动的规范,不仅直接关系到消费者的切身利益,也影响到广告活动主体在竞争中合法权益的保障。因此,从法律高度对广告发布标准、广告活动主体资格、广告活动竞争规则三个方面予以规范,符合国家和社会的公共利益,符合广大消费者的利益,符合广告活动主体的切身利益。

第二,促进广告业的健康发展。广告业在一定程度上反映了市场经济的发展状况,是市场经济的必然要求。广告业属于知识密集、技术密集、人才密集的高新技术产业。广告业自身的发展也要遵循市场经济的一般规律。我国广告业目前仍处于积累、发展阶段,广告市场潜力巨大,广告业的快速发展符合中国经济发展的需要。但我国的广告业在发展过程中也暴露出了很多不容回避的问题,如广告主体不够规范,虚假广告干扰正常的经营秩序,损害国家利益、社会利益等。《广告法》的一大功能就在于促进广告业的健康发展。

第三,保护消费者的合法权益。在我国,消费者的合法权益受到法律的保护。按照《中华人民共和国消费者权益保护法》的规定,消费者享有知情权。通过广告选择商品和服务,表面上看是消费者的主动行为,但实际上由于每个消费者不可能具备全面的市场经验和商品知识,则往往出现受广告诱惑而发生错误选择的被动局面。通过法律对消费者的利益给予特殊的保护是《广告法》立法的重要目的。

第四,维护社会主义市场经济秩序,发挥广告的积极作用。《广告法》的实施,对商业广告行为进行了规范,在维护社会正常秩序的同时保障了广告积极作用的发挥。

第五,确保广告的"真实性"。"真实性"是广告立法的主要目的,也是立法的重点,所以很多条款都是围绕"广告必须真实,不得欺骗误导消费者"展开的。

总之,《广告法》的立法目的是:依法保护正当的广告活动,防止和打击虚假广告现象,充分发挥广告的积极作用,充分保护消费者的合法权益,促进我国广告业的健康发展。

第三节 《广告法》的调整范围及特点

《广告法》作为广告法律体系的重要组成部分,有其特定的调整范围和对象,有其自身的特点。

一、《广告法》的调整范围

（一）调整主体范围

《广告法》的调整范围就行为主体而言，包括三个方面：一是广告活动主体，具体包括广告主、广告经营者、广告发布者；二是广告监督管理机关和广告审查机关及其工作人员；三是在广告中向消费者推荐产品或服务的社会团体及其他组织。

（二）调整内容范围

《广告法》（2015）第二条明确确定："在中华人民共和国境内，商品经营者或者服务提供者通过一定媒介和形式直接或者间接地介绍自己所推销的商品或者服务的商业广告活动，适用本法。"所以，《广告法》的调整对象限于商业广告，调整的是以广告形式发布商品信息或服务信息的活动，不调整通过新闻或者其他非广告形式传播信息的行为。但《广告法》（2015）把公益广告写到法律里，指出大众媒介要承担发布公益广告的责任。

具体来讲，《广告法》中的商业广告具有以下三个特征：一是它是以营利为目的的商业广告，二是必须通过一定的传播媒体表现出来，三是广告的目的是介绍或推销自己的商品或服务。

（三）调整地域范围

《广告法》（2015）第二条规定："在中华人民共和国境内，商品经营者或者服务提供者通过一定媒介和形式直接或者间接地介绍自己所推销的商品或者服务的商业广告活动，适用本法。"条文中的"中华人民共和国境内"就是《广告法》地域上的调整范围。中华人民共和国境内是指我国行使国家主权的空间。《广告法》作为我国最高的立法机关——全国人民代表大会的常设机关全国人大常委会通过的法律，是要在全国范围内发生法律效力的。一切在中华人民共和国境内从事广告活动的单位和个人，都必须遵守此法。

二、《广告法》的主要特点

《广告法》是体现国家对广告的社会管理职能的部门行政法。行政法是调整行政关系以及在此基础上产生的监督行政关系的法律规范和原则的总称。《广告法》调整的对象是国家广告监督管理行政关系，或者说是广告市场监督管理关系，它在我国法律体系中是部门行政法。

（一）《广告法》的主要特点

1. 《广告法》具有一定的超前性。如1994年通过的《广告法》颁布时网络与手机还未普及，当时预留"其他媒介"一词涵盖了未来可能出现的新媒介。

2. 《广告法》具有很强的针对性，该法设立了许多限制性、禁止性条款。

（二）《广告法》中行政法律关系的特点

1. 广告监督管理机关行使行政权力的行为是行政法律关系发生的必要条件。

2. 行政法律关系的主体及其权利和义务都是由《广告法》预先确定的，当事人没有自由选择的余地。

3. 广告监督管理机关在《广告法》中的权利和义务是重合的，即对广告及广告活动进行监督管理时体现为权利主体，而相对于国家而言体现为义务主体，这种权利与义务的结合就被称为职权。广告监督管理机关依据《广告法》可以行使职权，同时必须依法行使职权。职权既不能转让，也不能放弃，否则就意味着失职

4. 《广告法》中的行政法律关系具有不对等性。所谓不对等性，是指行政法律关系主体双方的权利、义务不对等。这种不对等表现在两个方面。一是双方当事人所处的地位不平等。行政机关在行政法律关系中处于主导者、管理者和支配者的地位，而行政相对人在行政法律关系中则处于从属者、被管理者和被支配者的地位。二是行政法律关系中意思表示的不对等性。国家行政机关单方面的意思表示即可引起行政法律关系的产生、变更或消灭，无须征得对方当事人的同意

（三）《广告法》与其他法律的关系

2000年颁布施行的《中华人民共和国立法法》对立法权限作出了明确规定，规定发生法律规范冲突时，应遵循上位法优于下位法、特殊法优于普通法、后法优于前法的原则去解决问题。《中华人民共和国立法法》第五章第八十七条规定："宪法具有最高法律效力，一切法律、行政法规、地方性法规、自治条例和单行条例、规章都不得同宪法相抵触。"第八十八条规定："法律的效力高于行政法规、地方性法规、规章。行政性法规的效力高于地方性法规、规章。"第八十八条还规定："地方性法规的效力高于本级和下级地方政府规章。省、自治区的人民政府制定的规章的效力高于本行政区域内的设区的市、自治州的人民政府制定的规章。"

《广告法》是一部专门规范广告活动的法律，在市场经济法律体系中有不可替代的重要作用和地位。相对于规范整个市场活动而言，它是特别法；相对于规范广告活动而言，它是基本法。《广告法》施行后，《广告管理条例》继续有效，其中有关商业广告规范部分，与《广告法》不符的，以《广告法》为准；针对非商业广告部分的规范，《广告管理条例》继续适用。广告管理单项规章及其他法律、法规中关于广告的规定与《广告法》的规定不符的，以《广告法》为准。

第四节 《广告法》的基本原则与主要法律规定

一、《广告法》的基本原则

《广告法》在立法中除了遵循《中华人民共和国民法通则》的平等、自愿、诚实信用、公平竞争原则和经济法的平等互利、协商一致、等价有偿的原则外,还应遵循以下原则。

(一)真实性原则

真实指的是一种客观存在,是符合实际和现状。真实是广告的生命。广告要严格遵守《广告法》中对于真实性的规定。我们可从以下三个方面对真实性原则加以认识。首先,在广告行为中,要保证广告产品整体上的客观存在,即必须保证广告的各构成要素真实准确,广告所传达的信息内容必须以客观事实为基础,是对客观实际的准确把握和真实反映。其次,要保证广告信息选择的准确性。最后,要保证广告信息传达给受众的感觉是真实的,不会产生误解。广告是传达信息的一种重要方式,故其内容必须真实,不得有弄虚作假、夸大不实。

广告活动中与真实性原则相违背的是虚假广告行为。虚假广告直接影响正常的市场竞争机制的运行和市场经济秩序的健康发展,严重地损害了消费者的合法权益。违背真实性原则的虚假广告行为在表现形式上有以下三个特点。

1. 欺诈

欺诈,即行为人无中生有,信口开河,恣意编造事实。比如,有一份推销"万人倒术"信息资料的广告声称:"当你在遇到歹徒的万分危急时刻,对歹徒轻吹一口气,随后念咒语,歹徒即晕倒,而你却可以安全脱险。"然而,经查实该功能全系子虚乌有。

2. 夸大

夸大,即行为人故弄玄虚,哗众取宠,滥用溢美之词。曾经在审议《广告法》(1994)的第八届全国人民代表大会常务委员会第十次会议期间,北京出现了一则推销名为"抗癌大王"的药物广告,其宣称:"'抗癌大王'以其独特的疗效捷足踏入癌症禁区……该产品历经十几年,数千例临床应用表明,对治疗各类癌症总有效率为98%。"众所周知,癌症是当今医学界尚未攻克的禁区,因此出现有效率为98%疗效的药物,显然是夸大了事实。最终,该广告行为受到了北京市工商行政管理局的查处。

3. 误导

误导,即行为人张冠李戴,盗用旗号,混淆公众视听。其表现方式有:找有权威的单位挂靠,并以该单位的名义刊登广告;有的宣扬产品获金奖,但不标明获奖的时间、颁奖部门及具体奖项;有的以新闻报道的形式发布广告;有的说是国家专利,其实该专利或已终止或被撤销或被宣告无效;还有的用"比较广告"形式,贬低他人的商品或服务;等等。

（二）合法性原则

广告的合法性原则是指广告主、广告经营者、广告发布者，都必须严格按照法律规定的程序和内容活动。

广告的合法性原则和广告的真实性原则，是从两个不同的角度来规范广告活动的。真实性是从广告内容上提出的要求；合法性不仅从内容上，而且是全面地对广告活动提出的要求。不真实的广告必然不合法，但真实的广告未必都合法。所以，仅要求广告的真实性，不要求广告的合法性，对规范广告活动是不利的。在现实生活中就有说了真话也违法的广告。这些广告说的的确是真话，没有任何虚假的内容，但依然违法，为什么会这样？我们通过以下几则案例来进行分析。

【案例1】某厂发现自家生产的产品被假冒后，遂刊登公告式广告："我厂生产的×产品因质量过硬、价廉物美，多年来深受广大消费者的青睐。由于目前市场上冒牌产品较多，为保护我厂的合法权益，同时使消费者免受其害，现郑重责令假冒我厂产品的厂家立刻停止侵害，否则我厂将依法追究其法律责任。同时，提请消费者认准我厂产品的商标，谨防上当受骗……"没想到，公告一发布，即被工商行政管理部门勒令停发。

其实，根据国务院颁布的《国家行政公文处理办法》及相关的法律、法规规定，公告通常是以国家名义向国内外宣布重要事项，或是国家司法、税务、海关等特殊部门依法用来履行其职责范围内的任务，其他任何国家机关都不具备发布公告的主体资格，各种经济、商业组织更不能使用公告进行商业性宣传活动。

【案例2】某杂志刊登了一则广告："×软件三次通过国家财政部评审，系财政部推荐全国会计电算化培训软件……国家科委发文推荐使用。"从事实看，该软件确实在国内多次软件评比中获奖，也确实在财政部和国家科委的评审中获得好成绩，并获得两部委发文推荐的殊荣。然而此广告发布后，未说谎话的杂志社却被没收了广告费，还被处以罚款。说真话缘何也挨罚？

《广告法》（2015）第九条第（二）项规定，广告不得"使用或者变相使用国家机关、国家机关工作人员的名义或者形象"。财政部和国家科委的评审和推荐，是一种代表国家依法行使公务的特殊活动。作为国家机关，其名义不能出现在广告之中。另外，还有些企业利用国家领导人视察该企业时的音像或言论、题词等资料来做广告，皆属违法行为。国家工商行政管理局颁布的《广告审查标准》第八条规定："禁止使用国家领导人的名义、形象、言论进行广告宣传。"

【案例3】一个广告主为了宣传自己的产品，找到个体出租车司机赵某，给赵某5000元好处费，赵某同意并在自己的出租车上为这个广告主绘制宣传其产品的广告。工商行政管理部门发现后，以赵某没有经营广告业务资格为由，没收了赵某的非法所得，并对赵某进行了罚款的行政处罚。

在此案例中，尽管广告的内容是真实的，符合广告法律、法格的真实性原则，但是赵某没有资格经营广告业务，因此违反了《广告法》的规定。

因此，广告仅做到真实是不够的，还必须满足广告的合法性要求。有关企业和广告传媒务必要熟知法律，以免步入法律误区。所以，广告的合法性是《广告法》的另一项重要原则。

我国广告合法性原则的基本要求是：广告活动必须遵守国家法律规范的标准。遵守国家法律规范既包括遵守《广告法》，又包括遵守《中华人民共和国民法通则》《中华人民共和国反不正当竞争法》《中华人民共和国经济合同法》等法律规范的有关规定。广告活动的合法性原则具体体现在广告活动形式合法、广告内容合法、广告媒体设置合法三个方面。

1. 广告活动形式合法的衡量标准

(1) 资格上。广告经营者和广告发布者要取得合法经营广告的资格。

(2) 经营范围上。广告主通过广告所推销的商品或者服务，应当符合自己在工商行政管理部门登记的经营范围。

(3) 合同上。广告活动主体之间必须依法签订书面合同，明确各方的权利和义务。

(4) 证明文件上。设计、制作、发布广告必须具备真实、合法、有效的证明文件。对此，广告主有提供证明文件的义务，广告经营者有查验的职责。

(5) 必经程序上。有些广告在发布前必须经行政主管部门审查，如药品、医疗器械、农药等广告应按规定进行审查。

2. 广告内容应遵从《广告法》的禁止性规范

(1) 一般商品或服务的一般禁止性规定。这些规定集中在《广告法》(2015)的第九条至第二十七条。如第九条第(三)项，广告禁止使用"国家级""最高级""最佳"等用语。它针对的是所有的商品和服务。

(2) 个别商品的特殊禁止性规定。个别商品是指药品、农药、烟草、酒类等，《广告法》对之都有特殊的规定。

3. 广告媒体设置要合法

广告媒体也叫广告载体，是广告内容的物质表现形式。《广告法》对广告媒体的设置也有严格的规定，例如：不得利用交通安全设施、交通标志设置广告，不得设置影响市政公共设施的广告，等等。日常生活中经常见到的损害市容的乱贴广告行为也是《广告法》所禁止的。

（三）重视社会效益原则

广告传播的是一种精神文化产品，对社会文化生活具有极大的渗透力和影响力，因此需要处理好社会效益与经济利益之间的关系。广告传播要以社会效益为最高原则，因为大部分广告是通过大众传播媒介进行发布，而大众传播媒介具有覆盖面广、传播速度快、影响力大、权威性高的特点；一旦出现了虚假违法广告，给人民群众造成的损失是难以估量的。因此，广告宣传必须重视社会效益，只有在保障社会效益的前提下，才能满足企业合法、正当的经济效益。如果本末倒置，不仅会严重损害国家和人民的利益，影响社会的稳定，而且会严重影响党和政府的威信，影响部分发布虚假违法广告媒体单位的声誉，严重损害广告业的形象，扰乱正常的广告经营秩序。因此，广告活动的参与者应该树立社会效益第一的原则，维护国家、消费者的利益，维护企业自身形象和媒体的声誉。

另外，广告活动不仅是商业促销活动，也是一种特殊的文化传播活动；广告还时常引领着社会时尚的潮流,改变着大众的消费习惯、生活习惯。因此,广告活动一定要坚持维护社会公众利益的原则,任何对社会公众利益有害的广告活动都应当加以禁止。如宣传封建迷信,损害国家、民族利益,有种族、宗教歧视内容的,违反社会公共道德的广告宣传,都是违背社会公共利益原则的广告,要坚决加以禁止。

（四）防范为主原则

广告是在极其广泛的范围内运用大众传播媒介传播商品、服务信息的宣传方式。广告的内容一旦是虚假的,传播出去的后果将极为严重,在社会上造成的恶劣影响是难以挽回的。尽管事后广告监督管理机关加强了监督检查,对违法当事人予以行政、经济、刑事处罚,但该虚假广告给社会各方面造成的直接或间接的危害是无法估量的。因此,对于借用大众传播媒介发布信息的广告活动,应采取防范为主的原则,尽量将广告违法行为杜绝在广告发布之前。广告经营者、广告发布者应依法对广告内容进行严格的审查,不符合法律规定的广告不得发布,否则要承担相应的法律责任。只有这样,才能逐步减少直至杜绝虚假广告的出现,达到净化广告市场的目的。

二、《广告法》的主要法律规定

（一）《广告法》对商品、服务广告的基本要求

广告内容应当有利于人民的身心健康,促进商品和服务质量的提高,保护消费者的合法权益,遵守社会公德和职业道德,维护国家的尊严和利益,基本要求有如下几个方面。

第一,《广告法》(2015)第九条规定广告不得有下列情形:
(1) 使用或者变相使用中华人民共和国的国旗、国歌、国徽,军旗、军歌、军徽;
(2) 使用或者变相使用国家机关、国家机关工作人员的名义或者形象;
(3) 使用"国家级""最高级""最佳"等用语;
(4) 损害国家的尊严或者利益,泄露国家秘密;
(5) 妨碍社会安定,损害社会公共利益;
(6) 危害人身、财产安全,泄露个人隐私;
(7) 妨碍社会公共秩序或者违背社会良好风尚;
(8) 含有淫秽、色情、赌博、迷信、恐怖、暴力的内容;
(9) 含有民族、种族、宗教、性别歧视的内容;
(10) 妨碍环境、自然资源或者文化遗产保护;
(11) 法律、行政法规规定禁止的其他情形。

第二,为了切实保护消费者的合法权益,防止利用广告对消费者进行欺骗和误导,《广告法》(2015)作出一系列的规定。例如:
(1) 广告内容涉及的事项需要取得行政许可的,应当与许可的内容相符合。广告使用数据、统计资料、调查结果、文摘、引用语等引证内容的,应当真实、准确,并表明出处。引证内容有适用范围和有效期限的,应当明确表示。

（2）广告中涉及专利产品或者专利方法的,应当标明专利号和专利种类。未取得专利权的,不得在广告中谎称取得专利权。禁止使用未授予专利权的专利申请和已经终止、撤销、无效的专利做广告。

第三,为了维护公平竞争秩序,《广告法》(2015)第十三条规定:广告不得贬低其他生产经营者的商品或者服务。

第四,在广告的表现上,《广告法》(2015)第十四条规定广告应当具有可识别性,能够使消费者辨明其为广告。并特别规定,大众传播媒介不得以新闻报道形式变相发布广告;通过大众传播媒介发布的广告应当显著标明"广告",与其他非广告信息相区别,不得使消费者产生误解。

第五,对于药品、农药、烟酒制品等与人的健康和人身、财产安全密切相关的商品广告,《广告法》(2015)作了更为严格的限制和规定。因后文有述,在此不再列举。

（二）《广告法》对重点商品广告的规定

1. 对药品、医疗器械广告的规定

《广告法》对药品、医疗器械广告有明确规定。

《广告法》(2015)第十六条规定,推荐给个人自用的医疗器械的广告,应当显著标明"请仔细阅读产品说明书或者在医务人员的指导下购买和使用"字样;医疗器械产品注册证明文件中有禁忌内容、注意事项的,广告中应当显著标明"禁忌内容或者注意事项详见说明书"。

《广告法》(2015)第十七条明文规定:"除医疗、药品、医疗器械广告外,禁止其他任何广告涉及疾病治疗功能,并不得使用医疗用语或者易使推销的商品与药品、医疗器械相混淆的用语。"

2003年1月15日,我国制定了关于医疗广告虚假广告罪的追诉标准。根据最高人民检察院、公安部《关于经济犯罪案件追诉标准的规定》(2001年4月18日发布实施)第六十七条关于虚假广告案(《刑法》第222条)的规定,广告主、广告经营者、广告发布者违反国家规定,利用广告对商品或者服务作虚假宣传,涉嫌下列情形之一的,应予追诉:

(1) 违法所得数额在十万元以上的;

(2) 给消费者造成的直接经济损失数额在五十万元以上的;

(3) 虽未达到上述数额标准,但因利用广告作虚假宣传,受过行政处罚二次以上,又利用广告作虚假宣传的;

(4) 造成人身伤残或者其他严重后果的。

该文件的附则部分又规定:

(1) 本规定中"追诉"是指公安机关立案侦查、检察机关审查批捕、审查起诉活动;

(2) 本规定中"在……以上"包括本数;

(3) 本规定中"虽未达到上述数额标准"是指接近上述数额标准且已达到该数额的百分之八十以上的;

(4) 本规定中"货币"包括人民币、外币和流通纪念币,凡是没有标明货币名称的都是人民币。

2. 对烟草广告的规定

《广告法》(2015)第二十二条明确规定:"禁止在大众传播媒介或者公共场所、公共交通工具、户外发布烟草广告。禁止向未成年人发送任何形式的烟草广告。禁止利用其他商品或者服务的广告、公益广告,宣传烟草制品名称、商标、包装、装潢以及类似内容。烟草制品生产者或者销售者发布的迁址、更名、招聘等启事中,不得含有烟草制品名称、商标、包装、装潢以及类似内容。"

(三) 对广告主、广告经营者与发布者的法律规定

1. 对广告主的法律规定

《广告法》(2015)第三十二条规定:"广告主委托设计、制作、发布广告,应当委托具有合法经营资格的广告经营者、广告发布者。"第三十三条规定:"广告主或者广告经营者在广告中使用他人名义或者形象的,应当事先取得其书面同意;使用无民事行为能力人、限制民事行为能力人的名义或者形象的,应当事先取得其监护人的书面同意。"

2. 对广告经营者、广告发布者的法律规定

《广告法》(2015)规定:① 广告经营者、广告发布者应当按照国家有关规定,建立、健全广告业务的承接登记、审核、档案管理制度;② 广告经营者、广告发布者应当公布其收费标准和收费办法;③ 广告发布者向广告主、广告经营者提供的覆盖率、收视率、点击率、发行量等资料应当真实;④ 法律、行政法规规定禁止生产、销售的产品或者提供的服务,以及禁止发布广告的商品或者服务,任何单位或者个人不得设计、制作、代理、发布广告。

思考·案例·练习

1. 《广告法》的立法目的和性质是什么?
2. 《广告法》的基本原则有哪些?
3. 阅读与讨论。

我国《广告法》修订与完善的策略研究

王悦彤

广告法规因广告管理而兴,广告管理因广告活动而起,广告法规与广告管理总是滞后于广告活动。纵观中外广告法规的发展与完善,莫不如此。我国1995年施行的《中华人民共和国广告法》(以下简称《广告法》),其中许多条款已不适应目前市场经济的发展需要,对广告业出现的新问题、新情况难以进行有效规范,致使广告诚信问题突出,守信者未能得到有效保护,失信者未能受到严厉惩处。

我国广告法律制度亟待立法完善,树立起法律的服务意识。而《广告法》的修订绝不仅仅关涉微观的技术性问题,而且还关涉到多方面的更深层次的法律问题。法律责任的

基本功能为救济、教育、预防及制裁。依据此种标准,基于批判考察的视角,有必要从应然层面对我国的相关立法进行审视。在此,笔者有几点建议。

一、服务社会和谐——明确广告管理机构的职责与权限

事实上,《广告法》修订大讨论的掀起者为国家工商行政管理总局。它提出要进一步加大行业治理部门的职责,尽快修改《广告法》,建立便捷而有效的司法处理程序。

《广告法》第六条明确规定:"县级以上人民政府工商行政管理部门是广告监督管理机关。"但在整部《广告法》里,却未对工商行政管理部门的职责与权限作任何说明。由此可能导致两种情形:第一,广告监督管理机关手中的权力过大,如处理不当,结果有可能会导致滥用权力,干扰广告行业内部的正常运行,阻碍广告业的健康发展;第二,由于《广告法》未对广告监督管理机关的职责和权力进行具体的认定和说明,当遇到一些棘手、微妙的广告违法、违规事件时,某些职能部门可能互相推诿,甚至置之不理。

另外,《广告法》第四十六条对广告管理人员的要求也非常笼统:"广告监督管理机关和广告审查机关的工作人员玩忽职守、滥用职权、徇私舞弊的,给予行政处分。构成犯罪的,依法追究刑事责任。"一方面,广告监督管理人员的工作职责不具体、不明确;另一方面,对监督管理人员工作失职和滥用职权的处罚规定又大而化之。正如有的学者指出的那样:"由于缺乏对规范者的限制性规范,规范者在享受权利的同时,却无须承担相应的法律责任,这必然导致规范者消极怠工和不作为的现象。我国现实社会中虚假广告屡禁不止,管理者责任承担缺位不能不说是其中的一个重要原因。"[①]

为了避免上述情形的出现,有必要在对《广告法》进行修订时,通过立法的形式赋予广告管理机构相当的权力和权威,使其能够对广告行业的各种违法现象进行行之有效的管理。同时明确界定广告管理机关工作职责和权力范围,对管理人员的工作内容及态度提出明确要求,建立起社会和谐的管理秩序。

二、服务经济发展——制定或补充更为科学、明细的法规条款,增强《广告法》的执行力

(一)科学设定量罚准则

对于违法广告的行政处罚,现行的《广告法》,几乎是不论何种违法行为,在处罚上都是以广告费为基点,即都是处以广告费一至五倍的罚款,而这显然违背了法律要"责罚对等"的基本原则。如2006年因虚假广告宣传被曝光的欧典地板,最后被工商行政管理部门罚款740万元,但该地板仅2005年的销售额就有1.2亿元。如果所受到的处罚远远低于获得的收益,那么遵守法律、法规自然"不合算"。正是这种处罚的不科学性,令较多的广告人和刊载广告的媒体有意冲破法律、法规的规定,甚至一些广告人把处罚事先算到广告的预算中,只要能收到有效的传播效果,所付出的罚款代价是微小的也乐以接受。而国外一些国家,如美国,对发布虚假广告的广告主的处罚是严厉的:一是要停止此商标的广告1至2年,二是要判处该公司以此商标的商品全年广告费20%~25%用于更正广告[②]。相比之下,我国《广告法》对违法广告量罚太过轻微,使广告主的违法收益远远大于违法成

[①] 张金海、曾兰平:《修改〈广告法〉应重点关注三个问题》,《现代广告》2006年第6期。
[②] 周茂君编著:《广告管理学》(第2版),武汉:武汉大学出版社2002年版,第21页。

本,从而不利于有效预防虚假广告的发布。这种处罚上的无力使得虚假广告有机可乘。"依法治虚"首先要"有法可依",科学设定《广告法》的量罚准则是必要的。

(二)细化广告竞争行为规范,增设比较广告条款

《广告法》的立法目的就是要维护广告市场的竞争秩序,保障经济的发展。尽管现行《广告法》对广告经营活动中的竞争行为作了概括性的规定,但由于规定过于笼统和抽象,因而对维护广告经营秩序和行政执法并无多大实际意义。

细分看,广告经营活动中的不正当竞争行为主要有以下表现形式:虚假误导宣传;利用广告贬低同类或其他类产品、服务或竞争对手;利用回扣和商业贿赂争取广告客户;各类经营者设立广告公司,排斥公平竞争;低于成本经营——"零代理";违法搭售或附加不合理条件,如所谓的"广告套餐";媒介夸大发行量、收视率;非广告部门承揽广告业务;等等。

另外,比较广告是目前使用频率日增且最容易引起争论和非议的一种广告竞争形式,同时它也是国际上通用的一种广告形式。《欧洲联盟理事会关于误导广告和比较广告的指令》第二条对比较广告作了如下概指:比较广告是指任何明确或含糊地提及竞争者或竞争者的商品或服务的广告。这类广告在中国也有很多。如中国移动的"关键时刻,信赖全球通"、宁城老窖集团的"宁城老窖,塞外茅台"等等。可以说,比较广告运用得好,能够达到事半功倍的效果;反之,甚至可能构成虚假广告和不正当竞争行为。

然而,目前的实际情况是,对比较广告的法律规范相当单薄。现行《广告法》仅仅有三条涉及比较广告,并且没有比较广告这一明确的法律概念,对于比较广告也只允许间接比较而不能直接比较,这与国际上的通行规则有很大的差距。《欧洲联盟理事会关于误导广告和比较广告的指令》是对比较广告进行规定的一个成功法规典范。因此,我国应借鉴世界相关国家的立法经验,对《广告法》快速作出修订,给比较广告明确的法律定位,并应系统地对比较广告的概念、原则、构成要件、比较广告的一般准则及对比较广告的限制作出全面规定。

(三)补充新媒体广告条款

现行的《广告法》制定之初主要是针对以传统的平面媒体和电子媒体传播的商业广告,而对于网络广告及现在的各种新媒体广告尚未涉及,当时虽然预留"其他媒介"一词涵盖未来可能出现的新情况,但在立法过程中并未有针对性地设置具体条款,导致目前各地执法部门没有可参照的细则,如网络广告的分类、广告活动主体的确定和非法所得的计算等等。这些难点和特点,决定了针对传统媒体的现行广告法规不完全适用于网络广告。现行广告法规对广告的调整是建立在三分广告主体即广告主、广告经营者和广告发布者,并赋予各自权利和义务的基础之上。而在虚拟的网络环境中,网络广告主体的界定远非如此简单。ISP(因特网服务提供商)多是集广告经营者与广告发布者于一身,宣传自身产品或服务的网站,则集广告主、广告经营者和广告发布者于一身。

不难预料,伴随着新媒体广告的发展,各种法律问题也将接踵而至,在新媒体广告运作中出现的许多新问题是《广告法》所难以解决的。因此,将新媒体广告的相关内容纳入广告法典已是新经济发展的迫切需要。

三、服务消费者——维护公众利益

公众利益的基本观念是法律应当反映"公意",代表全体人民,或者"最大多数人民的

最大利益",这是我国《广告法》立法的目的。所以,广告必须本着以人为本、为公众服务、为公众更好地生活提供便利的态度。因此,凡事都要以公众为重心,要以公众为基点思考问题、确立规则。我们不妨在制定广告法规时,重视对消费者的保护,只要是对消费者构成误导、欺骗、伤害的,不管是有意还是无意,不管是明显还是暗含,都属于不法广告,都要受到惩罚。这样不仅能确保广大公众的利益,而且对广告经营者而言,也可起到警示的作用。

四、服务可持续发展——实现《广告法》的连贯性

实现《广告法》的立法宗旨,必须让法律规范、法律责任的规定与立法宗旨保持相应的连贯性。立法宗旨引导制定法律规范的范围;法律责任为保障法律规范的实施提供措施和手段,最终达到实现立法宗旨的目的。《广告法》的修改应当充分考虑与相关法律、法规或规章的关联性,尤其是我国单项广告管理规章比较多,不能出现违反法律的法律责任低于违反规章的法律责任这种法律与规章的法律责任"错位"的现象,导致法律的严肃性受到损害。

当然,法律、法规既要有现实性,也要有前瞻性和可持续发展性。从长远的角度而言,一部好的法律、法规,除了规范社会、行业秩序之外,还应理顺各种关系,进一步引导、促进社会与行业的可持续发展。管理是手段,发展才是立法的目的。

(本文选自《新闻界》2010 年第 3 期)

讨论:经 2015 年修订后的《广告法》与 1994 年制定的《广告法》有什么不同?

第三章 广告内容准则

本章提要：本章重点讲述广告内容准则的定义、分类，普通广告内容准则和专项广告内容准则的具体内容等。目前，我国普通广告内容准则主要包括真实性、合法性、公平竞争性和社会效益性等四项准则，专项广告内容准则主要涉及特殊产品与专门内容的规范要求。

第一节 广告内容准则概述

一、广告内容准则的定义

广告内容准则（Advertising Content Guidelines）又叫广告内容标准，是对广告活动内容的规范性要求。广告内容准则有广义和狭义之分。广义的广告内容准则泛指一切有利于广告活动规范有序的要求和标准，包括广告的真实合法性准则和效能性准则两大方面。狭义的广告内容准则只指广告的真实合法性准则。本书所谈的广告内容准则主要是狭义的准则。

广告的真实合法性准则，是指对广告的内容和形式以及活动过程的规范性要求，是广告法律、法规规定的广告内容与形式应符合的要求，具有强制性，是广告活动主体必须遵守的，否则会因为违反有关法律、法规而被判为非法广告或非法广告行为。也就是说，这些事关广告真实、合法的准则，是判断广告合法的依据，是针对广告的一般原则和要求。

效能性准则是指所有基于广告运作规律而总结出来的有利于提升广告效果的准则。它所涉及的范围非常广泛，可以是技术层面的要求，如广告文案的写作准则、平面广告的视觉传达准则、创作优秀广告的所谓"准则"等等；也可以是行为规范层面的，比如一些组织、团体基于自律而提出的从业准则。这些准则在本质上是一种基于提升广告水平的指导性要求，不具有强制性。

就这两种层面的准则而言，它们的出发点是不同的：广告的真实合法性准则主要是为了确保广告真实、合法，避免广告产生消极影响，对社会造成危害，属于禁止性规范，是对广告行为最基本的要求；效能性准则主要是为了提升广告的传播效果，包括提升广告行业整体的社会形象和公信力，是一种自觉的道德性约束，可以是职业道德使然，也可以是社会道德使然。

二、广告内容准则的分类

就狭义广告内容准则而言,根据广告内容准则作用的范围以及重要性的不同,在我国又可以分为基本广告内容准则和专项广告内容准则。

基本广告内容准则是一切广告所必须遵守的基本原则。它适用于所有形式、行业的广告,贯穿于广告活动的始终,适用于所有广告活动主体。基本广告内容准则主要表现为广告管理法律、法规对一切广告内容和形式的要求,以及对广告内容和形式进行限制的禁止性规定。这些主要体现在《广告法》(2015)的第一章"总则"和第二章"广告内容准则"部分。

专项广告内容准则主要是针对特定商品广告的要求和规范,主要体现在各特殊产品的广告审查与管理办法和标准里面(比如药品、医疗器械、农药、烟草等),以及其他法律、行政法规中规定的应当进行特殊管理的商品广告。对这些特定商品的广告,更要作出严格的规定和要求,制定特殊的标准。

三、广告内容准则的作用

作为调整和规范广告活动的规范性要求,广告内容准则是广告法律、法规的重要组成部分,是整个广告法律体系的核心管理思想和立法思想的体现,也体现出了政府和社会对可接受的广告的基本期待和要求。散见于各广告法律、法规中的广告内容准则在规范广告活动中有着举足轻重的作用和影响力,其作用具体表现在以下五个方面。

1. 广告内容准则是所有广告活动的向导

在广告的策划、设计、制作和发布的过程中,从形式到内容再到程序,都应当符合广告内容准则:保证所发布的广告真实、合法,符合社会主义精神文明建设的要求,不含有虚假的内容,不欺骗和误导消费者,真正做到遵循公平、诚实信用的原则。

2. 广告内容准则是广告合法性审查的重要依据

不管是广告制作者,还是发布者,都应该以广告内容准则为依据,对广告的合法性和真实性进行审查,审查广告的内容和形式是否符合广告内容准则。同时,广告内容准则也是专门的广告合法性审查咨询机构开展咨询活动的直接依据。这些机构可以直接依据相关具体准则或立法精神,对送审的广告展开审查。

此外,针对一些特殊商品的广告,需要经过国家专门的机构进行发布前审查,那么广告的普通准则和专项准则就是最好的依据,尤其是具有针对性的专项准则是最为直接的判定标准。

3. 广告内容准则是政府监督和管理广告的重要依据

以工商行政管理部门为主的政府机关,是广告发布后监督的主要部门,它们主要参照广告内容准则进行监督,同时对一些违法广告依法进行处理,这种处理包括行政处理、法律处理等。换言之,这些广告内容准则一方面让政府机关的广告管理"有法可依";另一方面也要求它们必须"有法必依",不能随意执法。所以,这些广告内容准则对整个广告业来说，既起约束作用，又起保护作用。

4. 广告内容准则是行业自律的重要依据

作为对广告活动的原则性规定和要求，广告内容准则为广告行业开展自我管理提供了明确的依据。凡是符合广告内容准则要求的，在自律层面也应当是从业人员自觉遵守和必须遵守的。此外，建立在广告道德基础上的许多自律要求，可以看作是广告准则的延伸和完善。

5. 广告内容准则是社会监督、裁定的重要依据

社会监督主要包括消费者监督和媒体舆论监督。消费者监督的形式主要有投诉和诉讼。在社会监督和有关广告诉讼中，有关广告的法律、法规和其中的广告内容准则是重要的裁定依据。媒体的舆论监督也应当是基于广告内容基本准则之上的合理批评。

第二节 我国基本广告内容准则

中国广告业的基本广告内容准则主要体现于《广告法》中。《广告法》(2015)第一章的第三条、第四条、第五条、第六条、第七条和第二章，都直接规定了广告内容准则。这些准则在一定程度上也是《广告法》《广告管理条例》基本原则的具体体现。

一、广告必须真实

广告的真实性，是指广告的内容必须客观、真实、准确地反映商品或服务的有关特征。例如，就商品的基本属性、承诺的服务、宣传的企业形象等，不能作欺骗的或者令人误解的宣传。《广告法》(2015)第一章第三条规定："广告应当真实、合法，以健康的表现形式表达广告内容，符合社会主义精神文明建设和弘扬中华民族优秀传统文化的要求。"为了获得良好的广告效益，广告经营者、广告主或是媒体都有责任确保广告的真实性。可以说，确保广告的真实性是广告效益的根本所在。这项准则要求广告行为主体在广告活动中应保持善意、诚实，恪守信用，反对任何形式的误导和欺骗。任何广告在设计时不得滥用消费者的信任或者利用消费者缺乏经验或者知识欠缺，弄虚作假、欺骗误导。

真实性准则始终是广告内容首要的、基本的准则。这首先是一个社会性约束和责任问题，在很多国家的法律、法规中都有明确的规定。美国作为世界第一广告大国，自1911年美国政府颁布《印刷物广告法案》以来，先后制定了一系列与广告有关的法律。其广告立法的重点之一就是要求广告的内容要真实。如《联邦贸易委员会法》第十二条规定，任何个人、合伙人、公司传播或导致传播虚假广告的都是违法的。英国先后颁布了涉及广告内容的40多部法律，把广告应当真实、不得直接和隐含地误导公众或把虚夸宣传作为广告内容的基本要求加以规定。

在我国，要求广告真实同样是立法的第一要义。我国1982年2月6日颁布了《广告管理暂行条例》，以后又制定并实施了《广告管理条例》《广告法》等一系列专门的广告法规、法律。这些专门的广告法规、法律对广告内容的真实性都作了较为明确的规定。

要求广告真实，也是由广告自身特性决定的。信息性、实用性和商业性是广告的三个基本特点。广告是向公众传递商品、服务和市场动向等方面信息的，这是广告的基本性质。广告所提供的信息，对公众来说应当是有利用价值的，能起到引导消费、指导消费、满足消费者需求的作用，这便是广告的实用性。广告主通过一定的媒介"广而告之"，其目的是促进销售或者扩大服务，从中获得商业利益，这是广告的商业性。广告若传播的信息不真实，不能客观地反映商品或服务的性质与功能，将使其引导消费、刺激消费的功能大打折扣，消费者也有可能因受广告欺骗而蒙受财产损失或人身损害，从而导致消费者对广告宣传的产品和服务产生厌恶或逆反心理，最终会使广告的商业目的难以实现。所以，有广告批评家指出："夸大的广告简直是侮辱消费者的智慧，一流的广告是要人看了自然而无反感。"[1]

要求广告真实，也是市场经济中公平原则、诚实信用原则的要求和体现。公平原则和诚实信用原则是民商事活动中的两项基本原则。公平原则要求民商事活动主体本着公平的观念进行民商事活动。广告活动是一种以经营商品或提供服务为内容的民事活动，是生产经营者或服务提供者参与市场竞争的活动，自然也应遵循公平原则。公平原则禁止广告主、广告经营者、广告发布者在广告活动中进行任何形式的不正当竞争。而违背广告的真实性，制作、发布虚假不实的广告去吸引消费者，必然会使其他诚实的经营者得不到或者失去客户，形成不公平竞争。因此，坚持广告的真实性是贯彻公平原则的客观要求。

总的来说，广告的生命在于真实。缺乏真实性的广告，即使通过现代高科技能创造出满足人们视觉和听觉效果的高超的艺术表现形式，也失去了广告存在的意义。我们不能想象，缺乏真实性的广告会在人们的社会生活中保持旺盛的生命力。维护广告的真实性，对减少社会的精神污染，对保障广告业的健康发展，对促进社会主义市场经济建设，具有十分重要的意义。

广告真实性准则主要有以下两方面的判定。

第一是内容的真实，包括提供以下四种证明资料：

（1）广告主体资格证明。广告主体资格证明包括营业执照和生产经营许可证等，所提供的证明资料必须真实、合法、有效。

（2）广告的商品质量证明。广告中有关知识产权等内容的证明，如专利、商标等证书必须与有关宣传内容相一致，必须是真实、合法和有效的。

（3）广告使用的数据、统计资料、调查结果、文摘、引用语等，必须有原始资料证明。

（4）对一些由有关行政主管机关审查的特殊商品（如药品、医疗器械、农药、兽药）广告，审查机关必须按照法定程序提供真实、合法的审批文件，如《药品广告审查表》等。

第二是表现形式真实，包括以下两点要求：

（1）广告应当具有可识别性。通过大众传播媒介发布的广告应当显著标明"广告"，不得假借新闻报道形式或其他形式使消费者产生误解。

（2）广告采用艺术形式表现画面或影像时，必须以事实为依据，不得滥用现代科学技

---

[1] 李祺：《广告特性及广告真实性之我见》，《经济技术协作信息》2002年第2期，第24页。

术手段(如激光、烟雾、电脑等)虚构或夸大广告事实,使人对商品或服务的质量、用途、效果等宣传要点产生误解。

二、广告必须合法

准确地讲,广告的合法性和真实性有交叉的地方,前者包含后者。广告的合法性要求广告内容必须真实,不得误导或欺骗,正如《广告法》(2015)第四条规定:"广告不得含有虚假或者引人误解的内容,不得欺骗、误导消费者。"也就是说,真实性是广告合法性的基本要求。但是,广告的合法性包含的范围要广得多。非法广告中,除了不真实的广告外,还有其他各种违法情况。

当前,判定广告合法性的依据主要有以下几类:(1)法律、法规类,如《广告法》《广告管理条例》《中华人民共和国反不正当竞争法》《中华人民共和国商标法》《中华人民共和国专利法》《中华人民共和国著作权法》《中华人民共和国药品管理法》《中华人民共和国通用语言文字法》等;(2)规范性文件类,如《食品广告发布暂行规定》《烟草广告管理暂行办法》《酒类广告管理办法》《化妆品广告管理办法》《房地产广告发布暂行规定》《印刷品广告管理办法》《广告语言文字管理暂行规定》《关于停止发布含有乱评比、乱排序等内容广告的通知》《母乳代用品销售管理办法》等;(3)一些在政府主管部门指导下由行业组织出台的自律规则,如《奶粉广告自律规则》《卫生巾广告自律规则》等。

三、广告竞争必须公平诚实

公平诚实这一准则主要是针对广告主、广告经营者、广告发布者等三大广告活动主体的广告行为的,正如《广告法》(2015)第五条规定:"广告主、广告经营者、广告发布者从事广告活动,应当遵守法律、法规,诚实信用,公平竞争。"广告不得贬低其他生产经营者及其商品或者提供的服务。这一准则旨在促进广告市场健康发展,鼓励和保护公平竞争,防止不正当竞争行为。

根据规定,凡参与广告市场竞争的广告行为主体,都应当依照同一规则从事广告活动,严禁广告行为主体利用其优势,采用任何非正当的或者不道德的手段进行不公平竞争,例如利用回扣、贿赂等手段承揽广告业务,或者利用自身优势垄断广告市场阻碍他人参与广告市场的公平竞争,等等。在广告活动中,广告行为主体应当平等地享有权利和承担义务,不允许任何广告行为主体只享有权利而不承担义务,也不允许某些广告行为主体利用自己的优势地位强迫对方放弃其依法享有的权利。

在中广协(中国广告协会的简称)发布的《广告行业公平竞争自律守则》(以下简称《守则》),对这一原则进行了很好的细化,使它变得更加具有指导性。《守则》第三条规定:"在广告活动中,应当遵循自愿、平等、公平、诚实信用的原则,遵守公认的商业道德。"第五条规定:"广告主、广告经营者、广告发布者应互相尊重、互相监督,发现违反本《守则》的单位和个人,应及时向所在地方广告协会或中国广告协会举报。"

就三大主体应当遵守的公平竞争原则,《守则》分别进行了规定。具体讲,广告主应当遵守的公平竞争守则主要有：(1)认真履行广告业务合同，按合同规定的时间和数额支付广告费，不得拖欠；(2)尊重广告公司及其他广告服务机构的劳动，按合同规定付给广告公司服务费用；(3)采用比稿的形式选择广告公司时，应对广告公司提供的策划、创意方案等支付费用，采用比稿者的任何文件，事先须征得文件所有者的同意，不得无偿占有广告经营者的劳动成果；(4)不得以任何方式向广告经营者、广告发布者及广告服务机构索取个人回扣。

广告经营者应当遵守的竞争守则主要有：(1)坚持公平竞争，以服务质量取胜，必须坚持政府规定的广告代理费标准，不得以给个人回扣等不正当手段争夺客户；(2)与媒体建立正常合作关系，不得采用财物或其他手段进行贿赂，以从媒体争取有利或紧俏的时间和版面；(3)不得垄断媒体购买，不得以高出媒体的公开报价转卖广告刊播时间和版面；(4)应公开媒体刊播实际收费和次数，不得有减少发布次数欺骗客户行为；(5)不得以盗窃、利诱、胁迫等不正当手段获取其他广告经营者的商业秘密；(6)不得以不正当手段从其他广告公司延揽高级管理人才；(7)正常调换公司的人员，一年之内不准与原公司的客户建立合作关系。

广告发布者应当遵守的竞争守则主要有：(1)必须真实地公布发行量、覆盖面、收视、收听和阅读率等资料；(2)广告价格及优惠办法必须遵循"统一、公开、公平"的原则；(3)广告价格应根据收视率、收听率、阅读率、影响面、服务质量等因素制定，并按照市场供求关系进行调整；(4)严格履行合同，不漏播、漏发广告，如发生漏播、漏发现象应向广告主、广告经营者赔偿；(5)不得强制广告主、广告经营者通过媒体指定的代理公司进行代理，不得强制搭售时间、版面或附加其他不合理的交易条件。

四、重视社会效益，促进两个文明建设

广告内容必须符合社会主义精神文明建设和弘扬中华民族优秀传统文化的要求，确保广告的社会效益。从本质上讲，就是要求在我国开展广告活动必须重视社会效益。

（一）广告发挥积极的社会效能的要求

广告要达到一定的社会效益必须满足以下四项要求：

第一，广告必须有利于人民的身心健康。广告一方面要具有给人美的艺术上的享受，还要完成商品或服务的宣传作用。广告内容应对全社会的人民有利，符合社会主义精神文明建设的要求。

第二，广告要能促进商品和服务质量的提高。商品和服务的质量，关系到企业的兴衰、社会的整体利益、国家的经济发展水平和总体形象，是一个至关重要的问题。广告是与商品、服务有关的活动，应该为之作出贡献。

第三，广告须保护消费者的合法权益。广告的目的是让更多的消费者来扩大消费，满足消费者日益增长的物质和文化需求。广告传播应将消费者的合法权益摆在首位，不得妨碍社会安定和危害人身、财产安全，损害社会公共利益。

第四，广告要遵守社会公德，维护国家的尊严和利益。

(二)《广告法》(2015)明确禁止的十一种情形

《广告法》(2015)第九条规定,广告不得有下列情形:
(1) 使用或者变相使用中华人民共和国国旗、国歌、国徽、军旗、军歌、军徽;
(2) 使用或者变相使用国家机关、国家机关工作人员的名义或者形象;
(3) 使用"国家级""最高级""最佳"等用语;
(4) 损害国家的尊严或者利益,泄露国家秘密;
(5) 妨碍社会安定,损害社会公共利益;
(6) 危害人身、财产安全,泄露个人隐私;
(7) 妨碍社会公共秩序或者违背社会良好风尚;
(8) 含有淫秽、色情、赌博、迷信、恐怖、暴力的内容;
(9) 含有民族、种族、宗教、性别歧视的内容;
(10) 妨碍环境、自然资源或者文化遗产保护;
(11) 法律、行政法规规定禁止的其他情形。

五、广告要具有可识别性

《广告法》(2015)第十四条规定:"广告应当具有可识别性,能够使消费者辨明其为广告。大众传播媒介不得以新闻报道形式变相发布广告。通过大众传播媒介发布的广告应当显著标明"广告",与其他非广告信息相区别,不得使消费者产生误解。"特别是广告发布者利用电视、广播、杂志、报纸等大众传播媒介发布广告时,必须有专门的标记作为提示,以便广大消费者将广告与新闻区别开。

六、广告不得损害未成年人和残疾人的身心健康

《广告法》(2015)第十条规定:"广告不得损害未成年人和残疾人的身心健康。"未成年人是指未满18周岁的公民。广告不得损害未成年人和残疾人的身心健康,主要包括以下几个方面的内容:(1)在制作、发布广告时要尊重他们的权利,维护他们的尊严;(2)广告语言、文字、画面不得含有歧视、侮辱未成年人和残疾人的内容;(3)有关未成年人和残疾人的饮食品、用具、器械等商品的广告,应当真实、明白、容易理解,真实反映产品质量,明白无误地说明产品的性能、用途、使用方法,不得损害残疾人的身体健康。

七、广告中的信息必须清楚准确

广告中的信息必须清楚准确主要涉及三方面的内容规范。(1)《广告法》(2015)第八条规定:"广告中对商品的性能、功能、产地、用途、质量、成分、价格、生产者、有效期限、允诺等或者对服务的内容、提供者、形式、质量、价格、允诺等有表示的,应当准确、清楚、明白。广告中表明推销的商品或者服务附带赠送的,应当明示所附带赠送商品或者服务的

品种、规格、数量、期限和方式。法律、行政法规规定广告中应当明示的内容,应当显著、清晰表示。"(2)《广告法》(2015)第十一条规定:"广告使用数据、统计资料、调查结果、文摘、引用语等引证内容的,应当真实、准确,并表明出处。引证内容有适用范围和有效期限的,应当明确表示。"(3)《广告法》(2015)第十二条规定:"广告中涉及专利产品或者专利方法的,应当标明专利号和专利种类。未取得专利权的,不得在广告中谎称取得专利权。禁止使用未授予专利权的专利申请和已经终止、撤销、无效的专利做广告。"

第三节 我国专项广告内容准则

基于《广告法》(2015)第十五条至第二十七条的专项规定,我国相继出台了一些专项广告内容准则,主要是涉及一些特殊商品的广告规范。这将是本节重点介绍的内容。

一、兽药广告准则

根据2015年12月24日国家工商行政管理总局发布的《兽药广告审查发布标准》的规定,除了不得发布广告的兽药产品外,一般兽药广告应当遵循以下准则:

(一)兽药广告中不得含有表示功效、安全性的断言或者保证,如"疗效最佳""药到病除""根治""安全预防""完全无副作用"等。兽药广告不得贬低同类产品,不得与其他兽药进行功效和安全性对比。

(二)兽药广告中不得含有"最高技术""最高科学""最进步制法""包治百病"等绝对化的表示。

(三)兽药广告中不得含有评比、排序、推荐、指定、选用、获奖等综合性评价内容。

(四)兽药广告中不得含有利用科研单位、学术机构、技术推广机构、行业协会或者专业人士、用户的名义或者形象作推荐、证明。

(五)兽药广告不得含有直接显示疾病症状和病理的画面,也不得含有"无效退款""保险公司保险"等承诺。

(六)兽药广告中兽药的使用范围不得超出国家兽药标准的规定,不得出现违反兽药安全使用规程的文字、语言或者画面。

(七)兽药广告的批准文号应当列为广告内容同时发布。

不得发布广告的兽药产品主要有四类:(1)兽用麻醉药品、精神药品以及兽医医疗单位配制的兽药制剂;(2)所含成分的种类、含量、名称与兽药国家标准不符的兽药;(3)临床应用发现超出规定毒副作用的兽药;(4)国务院农牧行政管理部门明令禁止使用的,未取得兽药产品批准文号或者未取得《进口兽药注册证书》的兽药。

二、农药广告准则

根据2015年12月24日国家工商行政管理总局公布的《农药广告审查发布标准》的规定,除了未经国家批准登记的农药不得发布广告外,一般发布农药广告应当遵循的准则如下:

(一)农药广告内容应当与《农药登记证》和《农药登记公告》的内容相符,不得任意扩大范围。

(二)农药广告中不得含有表示功效、安全性的断言或者保证,不得说明有效率。

(三)农药广告不得贬低同类产品,不得与其他农药进行功效和安全性对比。

(四)农药广告中不得含有评比、排序、推荐、指定、选用、获奖等综合性评价内容。

(五)农药广告中不得利用科研单位、学术机构、技术推广机构、行业协会或者专业人士、用户的名义或者形象作证明、推荐。

(六)农药广告中不得使用直接或者暗示的方法,以及模棱两可、言过其实的用语,使人在产品的安全性、适用性或者政府批准等方面产生误解。

(七)农药广告中不得滥用未经国家认可的研究成果或者不科学的词句、术语。

(八)农药广告中不得含有"无效退款""保险公司保险"等承诺。

(九)农药广告中不得含有违反安全使用规程的文字、语言或者画面,不得含有法律、行政法规规定禁止的其他内容。

(十)农药广告的批准文号应当列为广告内容同时发布。

三、医疗器械广告准则

根据2009年4月28日国家工商行政管理总局、卫生部联合下发的《医疗器械广告审查发布标准》的规定,除了不得发布广告的医疗器械外,一般发布医疗器械广告应当遵循的准则如下:

(一)医疗器械广告中有关产品名称、适用范围、性能结构及组成、作用机理等内容应当以食品药品监督管理部门批准的产品注册证明文件为准。

(二)医疗器械产品注册证明文件中有禁忌内容、注意事项的,应在广告中标明"禁忌内容或注意事项详见说明书"。推荐给个人使用的医疗器械产品广告,必须标明"请仔细阅读产品说明书或在医务人员的指导下购买和使用"。

(三)医疗器械广告中不得以任何非医疗器械产品名称代替医疗器械产品名称进行宣传。

(四)医疗器械广告中有关适用范围和功效等内容的宣传应当科学准确,不得出现下列情形:含有表示功效的断言或者保证的;说明有效率和治愈率的;与其他医疗器械产品、药品或其他治疗方法的功效和安全性对比;在向个人推荐使用的医疗器械广告中,利用消费者缺乏医疗器械专业、技术知识和经验的弱点,使用超出产品注册证明文件以外的专业化术语或不科学的用语描述该产品的特征或作用机理;含有无法证实其科学性的所谓"研究发现""实验或数据证明"等方面的内容;违反科学规律,明示或暗示包治百病、适应所有症状的;含有"安全""无毒副作用""无效退款""无依赖""保险公司承保"等承诺性用语,含有"唯一""精确""最新技术""最先进科学""国家级产品""填补国内空白"等绝对化或排他性的用语;声称或暗示该医疗器械为正常生活或治疗病症所必须等内容的;含有明示或暗示该医疗器械能应付现代紧张生活或升学、考试的需要,能帮助改善或提高成绩,能使精力旺盛、增强竞争力、能增高、能益智等内容。

(五)医疗器械广告应当宣传和引导合理使用医疗器械,不得直接或间接怂恿公众购买使用,不得含有以下内容:含有不科学的表述或者通过渲染、夸大某种健康状况或者疾病所导致的危害,引起公众对所处健康状况或所患疾病产生担忧和恐惧,或使公众误解不使用该产品会患某种疾病或加重病情的;含有"家庭必备"或者类似内容的;含有评比、排序、推荐、指定、选用、获奖等综合性评价内容的;含有表述该产品处于"热销""抢购""试用"等的内容。

(六)医疗器械广告中不得含有利用医药科研单位、学术机构、医疗机构或者专家、医生、患者的名义和形象作证明的内容。不得含有军队单位或者军队人员的名义、形象。不得利用军队装备、设施从事医疗器械广告宣传。

(七)医疗器械广告中不得含有医疗机构的名称、地址、联系办法、诊疗项目、诊疗方法以及有关义诊、医疗(热线)咨询、开设特约门诊等医疗服务的内容。

(八)医疗器械广告不得在未成年人出版物和频道、节目、栏目上发布。不得以儿童为诉求对象,不得以儿童的名义介绍医疗器械。

(九)医疗器械广告中必须标明经批准的医疗器械名称、医疗器械生产企业名称、医疗器械注册证号、医疗器械广告批准文号。经审批的医疗器械广告在广播电台发布时,可以不播出医疗器械广告批准文号。仅出现医疗器械产品名称的,不受前款限制,但应标明医疗器械注册证号。必须在医疗器械广告中出现的内容,其字体和颜色必须清晰可见,易于辨认。上述内容在电视、互联网、显示屏等媒体发布时,出现时间不得少于5秒。

下列医疗器械产品不得发布广告:(1)食品药品监督管理部门依法明令禁止生产、销售和使用的医疗器械产品;(2)医疗机构研制的在医疗机构内部使用的医疗器械。

四、药品广告准则

根据2007年3月3日国家工商行政管理总局和国家食品药品监督管理局联合发布的《药品广告审查发布标准》的规定,除了不得发布广告的药品外,一般的药品广告应当遵循以下准则:

(一)药品广告中有关药品功能疗效的宣传应当科学准确,不得出现下列情形:含有不科学地表示功效的断言或者保证的;说明治愈率或者有效率的;与其他药品的功效和安全性进行比较的;违反科学规律,明示或者暗示包治百病、适应所有症状的;含有"安全无毒副作用""毒副作用小"等内容的;含有明示或者暗示中成药为"天然"药品,因而安全性有保证等内容的;含有明示或者暗示该药品为正常生活和治疗病症所必需等内容的;含有明示或暗示服用该药能应付现代紧张生活和升学、考试等需要,能够帮助提高成绩、使精力旺盛、增强竞争力、增高、益智等内容的;其他不科学的用语或者表示,如"最新技术""最高科学""最先进制法"等。

(二)药品广告应当宣传和引导合理用药,不得直接或者间接怂恿任意、过量地购买和使用药品,不得含有以下内容:含有不科学的表述或者使用不恰当的表现形式,引起公众对所处健康状况和所患疾病产生不必要的担忧和恐惧,或者使公众误解不使用该药品会患某种疾病或加重病情的;含有免费治疗、免费赠送、有奖销售、以药品作为礼品或者奖品等促销药品内容的;含有"家庭必备"或者类似内容的;含有"无效退款""保险公司保险"等保证内容的;含有评比、排序、推荐、指定、选用、获奖等综合性评价内容的。

(三)药品广告不得含有利用医药科研单位、学术机构、医疗机构或者专家、医生、患者的名义和形象作证明的内容。

(四)药品广告不得含有涉及公共信息、公共事件或其他与公共利益相关联的内容,如各类疾病信息、经济社会发展成果或医药科学以外的科技成果。

(五)药品广告不得在未成年人出版物和广播电视频道、节目、栏目上发布。药品广告不得以儿童为诉求对象,不得以儿童名义介绍药品。

(六)药品广告不得含有医疗机构的名称、地址、联系办法、诊疗项目、诊疗方法以及有关义诊、医疗(热线)咨询、开设特约门诊等医疗服务的内容。

(七)药品广告中必须标明药品的通用名称、忠告语、药品广告批准文号、药品生产批准文号;以非处方药商品名称为各种活动冠名的,可以只发布药品商品名称。药品广告必须标明药品生产企业或者药品经营企业名称,不得单独出现"咨询热线""咨询电话"等内容。非处方药广告必须同时标明非处方药专用标识(OTC)。药品广告中不得以产品注册商标代替药品名称进行宣传,但经批准作为药品商品名称使用的文字型注册商标除外。已经审查批准的药品广告在广播电台发布时,可不播出药品广告批准文号。必须在药品广告中出现的内容,其字体和颜色必须清晰可见、易于辨认。上述内容在电视、电影、互联网、显示屏等媒体发布时,出现时间不得少于5秒。

(八)非处方药广告的忠告语是:"请按药品说明书或在药师指导下购买和使用。"处方药广告的忠告语是:"本广告仅供医学药学专业人士阅读。"

(九)处方药可以在卫生部和国家食品药品监督管理局共同指定的医学、药学专业刊物上发布广告,但不得在大众传播媒介发布广告或者以其他方式进行以公众为对象的广告宣传。不得以赠送医学、药学专业刊物等形式向公众发布处方药广告。处方药名称与该药品的商标、生产企业字号相同的,不得使用该商标、企业字号在医学、药学专业刊物以外的媒介变相发布广告。不得以处方药名称或者以处方药名称注册的商标以及企业字号为各种活动冠名。

下列药品不得发布广告:(1)麻醉药品、精神药品、医疗用毒性药品、放射性药品;(2)医疗机构配制的制剂;(3)军队特需药品;(4)国家食品药品监督管理局依法明令停止或者禁止生产、销售和使用的药品;(5)批准试生产的药品。

五、广告语言文字准则

广告语言文字准则是一个专项性准则,集中体现在1998年12月3日国家工商行政管理局印发的《广告语言文字管理暂行规定》中,主要就所有广告的语言文字的使用进行规范。内容主要包括以下几点:

(一)广告使用的语言文字,用语应当清晰、准确,用字应当规范、标准。

(二)广告使用的语言文字应当符合社会主义精神文明建设,不得含有不良文化内容。

(三)广告用语用字应当使用普通话和规范汉字。

(四)广告中不得单独使用汉语拼音。广告中如需使用汉语拼音时,应当正确、规范,并与规范汉字同时使用。

(五)广告中数字、标点符号的用法和计量单位等,应当符合国家标准和有关规定。

(六)广告中不得单独使用外国语言文字,但一些情况除外,例如:商品、服务通用名称,已注册的商标,经国家有关部门认可的国际通用标志、专业技术标准等;经国家有关部门批准,以外国语言文字为主的媒介中的广告所使用的外国语言文字。

(七)广告用语用字,不得出现下列情形:使用错别字,违反国家法律、法规规定使用繁体字,使用国家已废止的异体字和简化字,使用国家已废止的印刷字样,其他不规范使用的语言文字。

(八)广告中成语的使用必须符合国家有关规定,不得引起误导,对社会造成不良影响。

(九)广告中出现的注册商标定型字、文物古迹中原有的文字以及经国家有关部门认可的企业字号用字等,不适用本规定第十条规定(即上面第(七)点的内容),但应当与原形一致,不得引起误导。

(十)广告中因创意等需要使用的手书体字、美术字、变体字、古文字,应当易于辨认,不得引起误导。

六、其他专项准则

国家还对保健食品、化妆品、酒类、烟草等产品有专门规定。比如,《广告法》(2015)对烟草广告作了限制性规定:(1)禁止在大众传播媒介或者公共场所、公共交通工具、户外发布烟草广告;(2)禁止向未成年人发送任何形式的烟草广告;(3)禁止利用其他商品或者服务的广告、公益广告,宣传烟草制品的名称、商标、包装、装潢以及类似内容;(4)烟草制品生产者或者销售者发布的迁址、更名、招聘等启事中,不得含有烟草制品名称、商标、包装、装潢以及类似内容。

食品广告内容必须符合卫生许可标准和事项,如食品的主要成分、生产日期、保质期等必须与标准相符,不得使用医疗用语或者易与药品混淆的用语。

酒类广告中,不得用一些医疗用语或易于混淆的用语,不得以文字、语言等形式鼓励人们饮酒,给消费者身心造成危害。

化妆品广告中化妆品的质量必须达到卫生许可标准,在广告中表述的化妆品主要配方、功用、生产日期、有效期等,均要与标准相符,也不能使用医学用语或易与药品相混淆的用语。

此外,除了一些全国性专项广告准则外,一些省份还会出台一些地方性广告准则,对一定区域内的广告发挥着直接的指导作用。如针对户外广告,由于目前国内还没有统一的规定,所以一些地方出台了地方性规定,如《昆明市户外广告设施设置管理办法》。对于地方性广告准则,在此不再展开论述。

目前,我国对广告内容准则的实施主要体现在:广告活动主体以及参与者在广告活动中对具体准则的遵守和执行,有关主管机关和社会大众依据这些准则对广告活动的管理和监督,有关行业组织依据这些准则开展的行业自律等。

三大广告活动主体对广告内容准则的遵守和执行主要体现在日常的广告发布前自我审查和专职审查上。通过长期的普法教育和从业实践,大多广告主体对基本广告内容准则比较熟悉,能够做到自觉遵守。此外,国家还要求设置专业的广告审查人员,他们以更加专业的方式对广告进行把关。这一点在广告发布环节执行得比较到位,很多媒体广告部门都会设置不同人数的专职或兼职人员,从事广告发布前的审查工作。这构成了我国广告发布前审查的主流。

政府机关对广告内容准则的运用主要体现在对特殊产品的事前审查和对所有广告事后的监督与管理上。目前,主要的监督管理机关是县级以上的工商行政管理部门,而主要的广告审批部门是国家食品药品监督管理局、教育部、卫生部、农业部等部门。

此外,行业自律和社会监督也是践行广告内容准则的主要形式。尤其是以中广协为代表的行业组织,充分借助这些广告准则,制定了一系列行业自律性文件,如《中国广告行业自律规则》《广告行业公平竞争自律守则》《奶粉广告自律规则》《卫生巾广告自律规则》等。

思考·案例·练习

1. 什么是广告内容准则?
2. 我国的基本广告内容准则主要包含哪些方面?
3. 我国的专项广告内容准则主要体现在哪些领域?
4. 我国广告内容准则的实施情况如何?
5. 案例与讨论。

儿童理解《电视广告准则》吗
[英]克利斯·普雷斯顿

引 言

在英国,独立电视委员会[Independent Television Commission (ITC)]负责电视广告的规范,制定广告主的广告行为规范,包括那些可能影响儿童的广告行为的准则,即《独立电视委员会广告业行为标准准则》及其附则(以下统称《电视广告准则》或《准则》——译者注),并负责监督《电视广告准则》的实施。该委员会对提交到电视台的每一个商业广告均实行强制性审查,并受理电视观众的投诉,进行相关调查。鉴于制作电视广告的成本因素,广告主可以将不同制作阶段的广告提交审查。无论何种原因,如果一则广告未经独立电视委员会审查,则电视台会因害怕危及自身的特许播发权(由独立电视委员会授予和复审)而不敢播发该广告。

《电视广告准则》的实施影响着广告主用以获取他们宣传效果的方法,并使广告主树立起一个基本观念,即广告不得被滥用或作虚假表示。正如独立电视委员会规定的那样,广告应"合法、公平、诚信和真实"。独立电视委员会有一套规范儿童电视广告行为的准则,因为该委员会认为应对儿童提供特别保护,使他们不受商业宣传中虚假表示的侵害。

本文意在说明和证实儿童(10岁和11岁)能够理解《电视广告准则》的某些条款,并能较容易地在大量电视广告中辨别出违反《电视广告准则》的广告。

研究报告建议,应允许儿童通过陈述他们认为电视广告怎样作才能让他们所理解这种儿童现身说法的最佳方式,参与对他们自己的广告的规范。因此,有必要概述一下有关电视儿童广告的研究成果,以作为本文的背景。

儿童对电视广告的兴趣

……

儿童对电视广告的态度

……

电视广告对儿童的影响

……

电视广告准则与儿童

关于电视儿童广告,用以规范广告主的准则有18条,细则29条。考虑到正在进行中的调查规模,企图获得调查对象对《电视广告准则》所有条款的回答是不切实际的,所以只选择了《准则》中的"附则1"即《广告与儿童》中的5条作为调查问询的基本问题(都是调查人员认为极易为调查对象所理解的)。为了使儿童们更容易理解,这5条的文字都被修改得浅显易懂,因为调查对象对准则是否理解是调查结果能否真实可靠的关键。儿童对这5条的理解对于为这次调研制定方法极端重要。

第2条是关于误导的,规定:"不得使儿童对玩具和游戏用具的性能产生过分的期望,例如不得过度使用虚幻的背景或特殊效果以误导儿童产生这种期望。"此条款被简化为:"广告主不得使用特殊效果使任何商品看起来比实际更好。"(这条准则仅适用于玩具和游戏用具,不包括体育用品或软饮料,或任何实际上以儿童为目标的商品)

第2条第3款规定:"无论广告展示的是拼图玩具、结构玩具、手工制作玩具、模型玩具或组装玩具,所显示的成果必须是普通儿童可以容易做到的,并且在宣传上对于玩具组装的容易程度不得言过其实。"对此条款只稍加改动,将其简化为:"广告主不得在广告中显示出玩具组装看起来很容易,而实际上儿童们回家组装时却一点儿也不容易。"

第16条是关于良好的举止和行为的,规定:"儿童在广告中,应具有与其年龄相称的礼貌和得体的举止。"此条款表述非常简单,被认为易于理解而未作改动。

第7条是关于低人一等的,规定:"广告不得使儿童相信,如果他们没有或没有使用广告宣传的产品或服务,他们比起其他儿童在某些方面便低人一等,或容易受到藐视或嘲笑。"此条款被改为:"儿童不要相信广告所说的,只要拥有或使用某种产品就会使他受到欢迎。"

第4条是关于直接劝购的,规定:"广告不得鼓励儿童去购买,或鼓励儿童请求他们的父母或其他人去询问或购买。"此条款暗示,电视广告不得含有直接向儿童作购买诉求的内容。

《广告与儿童》第4条只涉及鼓励儿童去购买所宣传产品的直接口头诉求,那么非口头诉求怎么办?可见,此条款有点天真。但是此条款还是顺便提到了纠缠因素,它重申这一点说:"电视广告不得怂恿儿童纠缠他们的父母去购买某物。"具有讽刺意味的是,它将有理由期待广告公司在某种程度上重视这一条款。

另外,事实上,儿童已显示出他们知道电视广告的劝购意图。因此,对于儿童这种已被证明具有的能力,我们应暂停研究。

儿童对电视广告意图的理解
……
调查程序
……
特殊效果的使用
……
组装/装配
……
劝购/纠缠力
……
举止/行为
……

调查结果概述

调查对象能够理解从《电视广告准则》中挑选出来的那些条款的含义,并列举出一些他们认为是误导性的广告,而且认为这类误导是广告主故意使用一些表现技巧造成的。

调查对象已明显注意到制造商使用特殊广告效果使商品(不只是玩具和游戏)看起来比实际更好。鉴于电视广告对组装玩具的描述,调查对象认为制造商在该玩具的性能、外观和组装的容易度的宣传上存在问题。

调查对象认为有关劝购的规定多少有点滑稽,因为他们明白广告的意图和广告主的动机——广告主明确地希望能促使潜在的儿童消费者考虑购买他们的商品。有许多实例显示,一些电视广告含有这种意思,即通过拥有或使用某种商品便可以被人看得起。但是在调查对象能够回忆起来的电视广告中,粗俗的举止不太明显。从总的回答情况看,儿童中被人看得起和广告中滥用特殊效果的问题非常突出。

调查结果的意义

用以规范电视广告主广告行为的《电视广告准则》制定得详尽而全面,只要广告主认真执行,便会有利于保护儿童,使他们不受虚假或不良广告的侵害。本文是作者———一名成年人的主观看法,笔者相信《电视广告准则》没有被遵守,并且认为该《准则》对于这种看法如果有任何意义的话,也只是很少一点儿,当然,除非有关人员实际上在这方面做了些什么。

但是,事实上本文注重的是儿童自身的意见,他们正是《电视广告准则》所要保护的特殊群体。正如我们所看到的,有许多被儿童注意到并被儿童认为是违反了《电视广告准则》有关条款的广告实例。这就是调查结果的意义所在。如果《电视广告准则》不被遵守,如果儿童不能自己判断所看到的广告是否违反了《电视广告准则》,则仅有这个《准则》是毫无意义的。

对《电视广告准则》,有两种态度令人忧虑:一种是相信《准则》是一种有效的方法,能够按照制定者的意图在公共关系上给人以深刻的印象,即相信儿童能够得到保护,不会受到电视广告被滥用的侵害;另一种是认为《准则》仅仅是用以区别投诉的分类系统。独立电视委员会对电视广告的播发拥有前置审查否决权,在审查上,对影视广告比对广播广告要严格。在这次小规模的调查中,有若干实例清楚地证明,儿童能够看出哪些《电视广告准则》条款被违反。问题是,如果儿童都能识别,那么独立电视委员会为什么未能够识别?更何况它的工作人员都是广告审查方面的专家。

当然,广告的本质是劝购(提供尽可能多的商品信息,使人产生尽可能大的购物兴趣)。如果一位电视广告主偏离(或背离)了规范他们广告行为的《电视广告准则》,我们会感到吃惊吗?的确,他们将因忽视广告的社会效果而受到批评,但是如果一家广告公司不能使其制作的广告达到促销的目的或影响人们的购买行为,那么这个广告公司也难以在商界立足。也许有人会说,电视广告主有权为他们的客户使用一切可能的方法,但是他们不能单独享有这种权利,因为独立电视委员会显然代表着广大消费者的利益。

《电视广告准则》中关于儿童电视广告的条款内容全面,的确值得称赞,并且易于为儿童所理解,至少本文列举的例子是如此。无论这些例子是否违反了《电视广告准则》,在儿童看来它们都是有问题的,儿童的看法才是本文的着眼点。如果《电视广告准则》真能保护儿童,则独立电视委员会完全可以期望采用将儿童的理解与对《电视广告准则》的审查结合起来的方法,通过儿童的眼睛帮助它来审视这一《准则》。

〔本文译自《国际广告杂志》(英季刊)第一期,由安青虎译,译文曾发表于《工商行政管理》2000年第21~23期〕

讨论:通过阅读上面"儿童与《电视广告准则》"的专题研究,你认为涉及特殊群体的广告是否应作专门规定?本文中所提出来的问题对我国广告准则的制定和实施有何启发?

第四章　广告行为规范

本章提要：本章主要讲述对广告活动主体的行为规范,即对广告主、广告经营者和广告发布者的规范及管理。并讲述了对广告活动主体的管理方法,这些方法主要有法律方面的方法、行政方面的方法、经济方面的方法、消费者监督为主的法律管理、社会监督、行业自律和道德教育等。

第一节　对广告主的规范与管理

在广告活动中,广告主具有多重身份:既是广告活动的发起者、投资者,又是广告信息的发布者、广告效果的受益者、法律责任的承担者。广告主可以是企业、事业单位,也可以是机关、社会团体和自然人。

一、广告主的概念和特点

《广告法》(2015)第二条规定:"本法所称广告主,是指为推销商品或者服务,自行或者委托他人设计、制作、发布广告的自然人、法人或者其他组织。"由此可见,广告主具有以下几个方面的特点。

(一) 广告主必须是法人、其他经济组织或个人

法人是指具有民事权利能力和民事行为能力,依法独立享有民事权利和承担民事义务的组织。简言之,法人是具有民事权利主体资格的社会组织。

其他经济组织是指不具备法人资格,但依法可以从事商品经营或者提供服务的社会组织。这些组织一般拥有一定的资金,有自己的经营场所,具备生产能力,有合法经营权和登记机关核准并颁发的营业执照。

个人是指依法能够从事商品经营或者提供服务的自然人,包括个体工商户、农村承包经营户及其他从事生产经营的个人等。

(二) 广告主的行为是商业广告活动

广告主的行为是指广告主发布广告,直接或者间接地介绍自己所推销的商品或者服务的商业广告活动。同时,社会应依据《广告管理条例》对广告主的广告活动进行管理规

范。

（三）广告主的行为范围是自行或委托他人设计、制作、发布广告

广告主自行设计、制作、发布广告，主要是指广告主利用自己的生产场所、工作区域介绍自己生产、销售或服务的项目，这是一种自我广告服务行为。在广告活动中，多数广告主都是委托他人设计、制作、发布广告，如委托广告经营者进行广告设计、制作、发布，进行部分代理服务或全面代理服务。

广告主自行或委托他人设计、制作、发布广告，其所推销的商品或提供的服务应当符合广告主的经营范围。国家通过颁发营业执照和核定经营范围，对企业进入市场从事经营活动的范围予以规范。经营范围一经确定，企业必须在其范围内从事市场经营活动，广告活动也不例外。

二、广告主的权利和义务

（一）广告主的权利

广告主的权利和义务是相辅相成的。一般来说，广告主享有以下权利：
(1) 广告决定权；
(2) 对广告代理公司的选择权；
(3) 拒绝行政机关乱收费、乱摊派的权利；
(4) 要求进行不正当竞争的企业停止侵害、恢复名誉、赔偿损失的请求权；
(5) 要求广告管理机关依法保护其合法权益的权利；
(6) 申请复议和提起诉讼的权利；
(7) 其他合法权利。

（二）广告主的义务和责任

广告主的义务是指广告主在参与广告活动中根据《广告法》和其他有关法规的规定，应当为一定行为或者不为一定行为负责的义务。

一般来说，广告主的义务主要有两个方面：一是提供广告证明材料，以证明自己有做此广告的资格和能力；二是保证广告活动遵守法律规定的义务。

《广告法》(2015)等法律、法规规定，广告主与广告经营者、广告发布者之间在广告活动中应当依法订立书面合同，明确各方的权利和义务。

(1) 广告主不得在广告活动中进行任何形式的不正当竞争行为。
(2) 广告主自行或者委托他人设计、制作、发布广告，所推销的商品或者所提供的服务应当符合广告主的经营范围。
(3) 广告主委托他人设计、制作、发布广告应当委托具有合法经营资格的广告经营者、广告发布者。
(4) 广告主自行或者委托他人设计、制作、发布广告，应当具有或者提供真实、合法、

有效的证明文件:第一,营业执照以及其他生产、经营资格的证明文件;第二,质量检验机构对广告中有关商品质量的内容出具的证明文件;第三,确认广告内容真实性的其他证明文件。

(5)广告主在广告中使用他人名义、形象的,应当事先取得他人的书面同意;使用无民事行为能力人、限制民事行为能力人的名义、形象的,应当事先取得其监护人的书面同意。

《广告管理条例》规定,广告客户申请刊播、设置、张贴的广告,其内容应当在广告客户的经营范围或者国家许可的范围内。

广告客户申请刊播、设置、张贴下列广告,应当提交有关证明:

(1)标明质量标准的商品广告,应当提交省辖市以上标准化管理部门或者经计量认证合格的质量检验机构的证明;

(2)标明获奖的商品广告,应当提交本届、本年度或者数届、数年度连续获奖的证书,并在广告中注明获奖级别和颁奖部门;

(3)标明优质产品称号的商品广告,应当提交政府颁发的优质产品证书,并在广告中标明授予优质产品称号的时间和部门;

(4)标明专利权的商品广告,应当提交专利证书;

(5)标明注册商标的商品广告,应当提交商标注册证;

(6)实施生产许可证的产品广告,应当提交生产许可证;

(7)文化、教育、卫生广告,应当提交上级行政主管部门的证明;

(8)其他各类广告,需要提交证明的,应当提交政府有关部门或者其授权单位的证明。

第二节 对广告经营者的规范与管理

一、广告经营者的概念和种类

广告经营者是指接受委托提供广告设计、制作、代理服务的自然人、法人或者其他组织。广告经营者主要分为企业法人、不具备法人资格的经济组织和个体工商户。

(一)广告经营者的经营范围

广告经营范围是广告监督管理机关针对广告经营者、广告发布者的基本条件、从业人员的基本素质,确认其经营业务的许可范围。其经营规范如下:

(1)设计。设计是根据广告目标进行的广告创意、构思,是广告中进行音乐、语言、文字、画面等经营性创作活动。

(2)制作。制作是根据广告设计要求,制作可供刊播设置、张贴散布的广告作品等经营性活动。

(3) 发布。发布是指利用一定媒介或形式,发布各类广告,利用其他形式发布带有广告性质的信息的经营活动。

(4) 代理。代理是指广告经营者接受广告主或广告发布者委托,从事的广告市场调查、广告信息咨询、企业形象策划、广告战略策划、广告媒介安排等经营活动。

(二) 广告经营者的三大类型

具体来讲,广告经营者主要有下列三种类型:

(1) 广告公司。广告公司是专门从事广告业务的单位,是具有为广告主提供广告策划、市场调查、广告设计、广告制作或广告代理等专业服务能力的企业,主要分为综合服务型广告公司和专业型广告公司。

(2) 兼营广告的单位。兼营广告的单位是指在其主营业务以外,利用本身媒介经营广告业务的单位。如利用电视、广播、报纸、期刊、场馆等媒介设计、制作、发布广告的电视台、广播电台、报社、期刊社、体育场(馆)、文化馆等。

(3) 个体广告经营户。个体广告经营户是指符合国家关于个体工商户的有关规定,从事广告设计和制作的公民。

二、广告经营者应具备的条件

无论是企业、事业单位或个人,从事广告经营业务都必须依照我国有关法律、法规的要求并具备一定的资格。《广告法》第二十九条规定:"广播电台、电视台、报刊出版单位从事广告发布业务的,应当设有专门从事广告业务的机构,配备必需的人员,具有与发布广告相适应的场所、设备,并向县级以上地方工商行政管理部门办理广告发布登记。"依照上述规定,不同性质的广告经营者应具备下列并不完全相同的条件。

(一) 综合型广告企业应具备的条件

综合型广告企业是指具有提供设计、制作和全面代理服务能力的广告企业(包括有限责任公司、股份有限公司、中外合资经营等经济形式)。这类公司应具备下列条件:

(1) 有与广告经营规模相适应的经营管理机构,市场调研机构和广告设计、制作、编审机构;

(2) 有与广告经营业务相适应的从业人员,有熟悉广告管理法规的经营管理人员,有专业市场调研、广告策划和代理人员,有设计、制作、编审及财会人员;

(3) 有与广告经营范围相适应的设备、流动资金和经营办公场所;

(4) 有健全的各项广告管理制度;

(5) 承办或代理外商来华广告或出口广告业务的,还应有了解国家进口政策的有关人员、翻译人员,并有稳定的外商来华广告和出口广告业务渠道。

（二）广告兼营单位应具备的条件

广告兼营单位从事广告经营业务应具备下列条件：
(1) 有直接发布广告的媒体；
(2) 设有专门的广告经营机构和经营场所；
(3) 有相应的广告设计、制作设备；
(4) 有与广告经营业务相适应的从业人员；
(5) 有健全的各项广告管理制度；
(6) 广告费收入须单独立账。

（三）个体广告工商户应具备的条件

个体广告工商户是指从事影视、广播、路牌印刷品、礼品、灯箱、布展等广告设计和制作的个体工商户。对从事广告设计、制作的个体工商户，除应具备国家对个体工商户管理的有关规定外，还需对其制作设备、技术、人员等进行审查。具体来说，个体广告工商户应具备的条件如下：
(1) 具有一定的广告专业技能。户主还应当取得广告专业技术岗位资格证书，具有与其经营范围相应的学历或从业经历。
(2) 应当接受过广告法律、法规培训，熟悉广告法规，有审查广告内容的能力。
(3) 有与广告经营范围相适应的经营场所、设备和流动资金等等。

（四）中外合资合作广告公司

中外合资合作广告公司除应具备广告公司的条件外，还应具备下列条件：
(1) 合资、合营的外商必须是具有一定规模的以经营广告业务为主的法人；
(2) 能够引进国际先进的广告制作技术和设备；
(3) 具有市场调查、广告策划和广告效果测定等能力，能够为中方合营合资者培训广告专业人员；
(4) 投资总额不低于 30 万美元。

三、对广告经营者的管理

申请经营广告业务的企业除了具备经营广告的条件以外，还要符合企业登记管理的要求。国家工商行政管理局以及省、自治区、直辖市工商行政管理局，市县工商行政管理局是企业法人登记主管机关。登记主管机关对企业进行法人登记管理的范围有 15 个行业门类，广告经营业属第 13 类中的服务咨询业。

（一）广告公司应具备的登记条件

广告公司必须是独立承担法律责任、履行法律义务的法人单位。广告公司申请领取《企业法人营业执照》必须具备相应条件。兼营广告业务的单位一般也应具备法人资格；

若不具备法人资格,则由其他具有法人资格的组织代其申请领取广告经营许可证,并为其承担法律责任。

（二）申请登记的一般程序

申请登记的一般程序分为申请、审查、核准发照三个依次阶段。

1. 申请

申请,即由单位负责人向工商行政管理局提出书面申请报告。筹建广告公司申请登记时,要提交的材料有:筹建负责人签署的申请报告书;政府、政府授权部门或主管部门的批准文件;财政部门、银行或主管部门出具的证明;公司章程;公司主要负责人的名单和身份证明;公司职能机构主要负责人名单和人事部门的证明,以及从业人员的花名册;广告经营范围、各类广告的刊例和收费标准。

广告兼营单位申请登记时,一般应提交的材料有:政府授权部门或上级主管部门的批准文件;申请单位负责人签署的申请报告书;申请单位设置广告机构的批准证明、广告机构负责人姓名和人事证明,以及广告从业人员的花名册。以报刊、书刊等作为广告媒介的,还需有文化主管部门批准发行的文件、媒介样本、刊例,以及各类广告收费标准。

2. 审查

审查是指登记主管机关对申请单位申请登记的内容以及提交的文件的合法性进行全面审查的过程。审查的具体方法有三种形式:程序审查、实质审查和实地调查。

程序审查,即登记主管机关对申请单位提交的申请是否符合规定程序,其提交的证明、批件是否完备等进行的审查。

实质审查,即登记主管机关对申请单位的申请登记事项是否真实合法,经营项目是否符合社会需要等进行的审查。

实地调查是登记主管机关就申请单位申请登记事项进行实地调查和核实情况的过程。实地调查是对程序审查和实质审查结果的进一步检验,是杜绝"皮包公司"和"四无公司"的一种有效的审查方法。

3. 核准发照

登记主管机关在对申请单位的审查通过后,就要进行核准登记,发给申请单位允许从事广告经营活动的书面凭证。它是确立企业是否具有合法地位的依据,又是对广告公司和广告制作者具有法律约束力的文件。

核准登记后,登记主管机关给专营广告业务的企业发放《企业法人营业执照》,给兼营广告业务的事业单位发放《广告经营许可证》,给具备经营广告业务能力的个体工商户发放《营业执照》。其中,兼营广告业务的企业,应当办理经营范围变更登记。《广告经营许可证》是广告兼营单位兼营广告业务的书面凭证。它标志着国家授予广告兼营单位取得在其主营业务外,利用本身媒介从事广告活动的权利,同时也限定广告兼营单位必须在核准登记的范围内从事合法的广告经营活动。

（三）广告经营者不得在广告活动中进行任何形式的不正当竞争行为

广告经营者在广告中使用他人名义或者形象的,应当事先取得其书面同意;使用无民事行为能力人、限制民事行为能力人的名义或者形象的,应当事先取得其监护人的书面同意。

广告经营者应依据法律、行政法规查验有关证明文件,核实广告内容。对内容不实或者证明文件不全的广告,广告经营者不得提供设计、制作、代理服务。广告经营者明知或者应知广告虚假仍设计、制作、发布的,应当依法承担连带责任。

广告经营者应按照国家有关规定,建立、健全广告业务的承接登记、审核、档案管理制度。广告经营者的广告收费应当合理、公开,收费标准和收费办法应当向物价和工商行政管理部门备案。

(四)广告企业资质等级的评审与标准

1997年,为了进一步落实《关于加快广告业发展的规划纲要》精神,引导广告企业规范发展,在广告企业中树立一批经营管理典范,促进广告业整体素质的提高,国家工商行政管理局制定了《综合性广告企业资质等级标准(试行)》和《广告制作企业资质等级标准(试行)》。2009年又发布了正式标准——《中国广告业企业资质等级标准》。这是目前加强广告经营者管理的有力措施之一。

第三节 对广告发布者的规范与管理

广告发布者,是指为广告主或者广告主委托的广告经营者发布广告的自然人、法人或者其他组织。

一、广告发布者的资质标准

(一)新闻媒介单位的资质标准

新闻媒介单位是指利用电视、广播、报纸等新闻媒介发布广告的电视台、广播电台、报社。这类发布者的资质标准为:(1)有直接发布广告的媒介;(2)有与广告经营范围相适应的经营管理人员、编审技术人员(以上人员均须取得广告技术岗位资格证书)、财会人员和广告经营管理制度;(3)有专门的广告经营机构和经营场所,经营场所面积不小于20平方米;(4)有专职广告审查人员;(5)广告费收入单独立账。

(二)其他具有广告发布媒介的企业、其他法人或经济组织的资质标准

其他具有广告发布媒介的企业、其他法人或经济组织主要是指利用自有或自制音像制品、图书、橱窗、灯箱、场地(馆)、霓虹灯等发布广告的出版(杂志、音像)社、商店、宾馆、体育场(馆)、展览馆(中心)、影剧院、机场、车站、码头等。这类发布者的资质标准主要有:(1)有直接发布广告的媒介;(2)有与广告经营范围相适应的经营管理人员、专业技术人

员(以上人员均须取得广告专业技术岗位资格证书)、财会人员和广告经营管理制度；(3)有专门的广告经营机构和经营场所，经营场所面积不小于20平方米，有相应的广告设计和制作设备；(4)有专职广告审查人员；(5)广告费收入单独立账。

二、广告发布者的审查义务

为了确保广告的真实性、合法性，必须在广告发布前对其进行审查。目前，我国的广告审查分为两种类型，即行政性审查(例如医疗广告、保健食品广告、农药广告等必须进行行政性审查)和广告经营单位(广告经营者、广告发布者)的自我审查。

《广告法》(2015)第三十四条规定："广告经营者、广告发布者应当按照国家有关规定，建立、健全广告业务的承接登记、审核、档案管理制度。"这就从法律上规定了广告发布者的自我审查义务。

广告发布者的审查义务要求对证明文件进行审查。首先应审查证明文件是否齐全，然后是审查广告内容和证明文件是否一致，关键在于审查证明文件的真伪。

【案例】某市晨报社在其报纸的广告版面上刊发了一则"人体减肥"治疗器的广告，广告声称："人体减肥"治疗器对减肥具有特别的疗效，已经中国科学院及有关专家鉴定，符合医学原理，特别适合20~30岁的青年男女使用，价格为每台3000元，款到寄货。广告还留下了该产品的生产厂家名称、咨询电话和邮寄方式。该市李某在电话咨询了生产厂家后，决定购买这种"人体减肥"治疗器，并按照广告上提供的地址邮寄了货款。但款寄去后，杳无音信：既不见治疗器寄来，也不见退款。李某再打电话询问时，先是答复"货已寄出，耐心等待就是"，再后来电话就变成了空号。李某遂向晨报社发出质询，询问了该广告刊发的有关情况。经调查核实，该生产厂家根本就不存在，所谓的"人体减肥"治疗器也纯属子虚乌有。李某认为市晨报社发布虚假广告，应对其造成的损失承担赔偿责任。协商无果后，李某遂以市晨报社为被告向人民法院提起民事诉讼。人民法院经审理后判决：市晨报社刊发减肥广告，疏于审查，致消费者上当受骗，造成损失；鉴于广告主已去向不明，市晨报社应当赔偿消费者全部经济损失。

【分析】本案涉及广告发布者发布虚假广告致使消费者权益受到损害的问题。根据《广告法》(2015)第四十六条的规定："发布医疗、药品、医疗器械、农药、兽药和保健食品广告，以及法律、行政法规规定应当进行审查的其他广告，应当在发布前由有关部门(以下称广告审查机关)对广告内容进行审查；未经审查，不得发布。"广告发布者在刊发广告之前必须依据法律、行政法规查验有关证明文件，核实广告内容。对内容不实或者证明文件不全的广告，广告发布者不得发布。在本案中，由于"人体减肥"治疗器属医疗器械，其生产厂家(即本案广告主)在申请发布广告之前，本应向有关行政主管部门提请审查，并取得相关证明文件。该市晨报社作为"人体减肥"治疗器广告的发布者应尽到认真审查广告内容及相关证明文件(包括前述行政机关审查后出具的证明文件)的义务，而该晨报社在此环节上出现了重大过错，不仅没有审查广告内容的真实性，而且连最起码的证明文件，即有关广告主真实身份、地址的证明文件都没有认真核实。根据《中华人民共和国消费者权益保护法》(2014)第四十五条的规定，广告经营者、发布者设计、制作、发布关系消费者生命健康商品或者服务的虚假广告,造成消费者损害的,应当与提供该商品或服务的经营者承担连带责任;广告经营者、发布者不能提供经营者的真实名称、地址和有效联系方式的,应当承担赔偿责任。在本案中,晨报社作为虚假广告的发布者,在其不能提供产品销售厂家真实名称、地址的情况下,应赔偿受害人李某的全部经济损失。同时,根据《广告法》(2015)第五十五条的规定,晨报社还应接受处罚:停止发布广告,在相应范围内消除影响,接受广告费用三倍以上五倍以下的罚款;广告费用无法计算的,接受二十万元以上一百万元以下的罚款。

三、广告发布者的行为规范

1. 所发的广告应当有明显的标志

《广告法》(2015)第十四条规定:"广告应当具有可识别性,能够使消费者辨明其为广告。大众传播媒介不得以新闻报道形式变相发布广告。通过大众传播媒介发布的广告应当显著标明'广告',与其他非广告信息相区别,不得使消费者产生误解。"

标明"广告"标志可以使受众明确广告与新闻、其他宣传的区别,避免消费者发生误认。因为大量广告是利用新闻媒体进行发布,而广告是广告主带有商业目的的自我宣传,与新闻报道是性质不同的宣传。因此,要求广告要具有可识别性,广告发布者发布的广告要有广告标志,如"广告专版""广告专页""广而告之""音乐与广告"等,使消费者和用户能够辨别出广告;在外文报纸或广播电台、电视台的节目中可使用英语中广告一词的缩写"AD(ad)"作为广告标志或明确地说明"下面是广告节目",以告知受众。

2. 不得以新闻报道的形式发布广告

新闻报道是对新近发生的事实的客观报道。广告是一种市场经营行为,是广告主为推销商品或者服务而向社会公众进行劝说、诉求的行为。新闻具有时效性,一般只刊播一次,重要的新闻也只能在一两天内出现几次,而广告则不受时效的限制。

新闻与广告的区分主要表现在五个方面。(1)发布权上,新闻发布权在新闻单位,广告的发布权归广告主或广告经营者。(2)费用流向上,新闻是无偿的;广告是有偿的,由广告主或广告经营者向广告发布者支付费用。(3)发布动机上,新闻重公益,广告讲私利。(4)客观性上,新闻求客观,广告讲主观。(5)二者对时效的要求不一样,发布次数的要求也不一样。

3. 广告发布者提供的媒介统计资料应当真实

《广告法》(2015)第三十六条规定:"广告发布者向广告主、广告经营者提供的覆盖率、收视率、点击率、发行量等资料应当真实。"

媒介统计资料的真实性、准确性直接影响到企业广告费的投向和广告发布效果,关系到广告主的切身利益。因此,《广告法》不仅要求广告发布者提高广告发布质量,而且要向广告主、广告经营者提供真实、准确的媒体统计资料。

4. 广告发布者应当公开广告收费标准、收费办法

《广告法》(2015)第三十五条规定:"广告经营者、广告发布者应当公布其收费标准和收费办法。"

5. 媒介下属的广告公司不得以任何形式垄断媒介的广告业务

媒介部门成立了自己的广告公司,既可以解决就业问题,也可以代理媒介的版面或时间,相互受益,但这样很容易形成媒介下属的广告公司对本媒介广告业务的垄断,不利于公平竞争。因此,广告管理规章要求媒介下属的广告公司必须与媒介广告部门相脱离,不得以任何形式垄断本媒介的广告业务。

对广告活动主体的监督管理,主要采用法律、行政、经济、消费者监督为主的法律管理,以及社会监督、行业自律和道德教育等方法。

四、广告发布者的法律责任

【案例】被告某日报社在其所办的《××日报》第3版上刊登分类资讯,其中一则内容为:"转让全新叉车5台,50型装载机2台,张经理:(0)136……"原告根据该联系电话找到了张经理,以11.5万元的价格购买了一台装载机,但使用不足5天便开始大修。后经修理公司检查,发现该车系报废车翻新而成。在与张经理联系未果后,原告以被告未查验广告主的有关证明文件,未核实广告内容而发布虚假广告,以及无法提供广告主的真实身份、住址为由向当地法院提起诉讼,要求被告赔偿其各项损失。

法院通过审理认为,被告发布的内容属于信息,不是广告,原告作为购买者,未尽应有的注意义务,而是贪图低廉的价格,其损失是由自身的疏忽大意造成的,无权要求被告赔偿,故判决驳回原告的诉讼请求。

依据此案例,有几个问题需要我们分析与阐述。

（一）广告的认定

《广告法》(2015)第二条规定:"在中华人民共和国境内,商品经营者或者服务提供者通过一定媒介和形式直接或者间接地介绍自己所推销的商品或者服务的商业广告活动,适用本法。"可见,对于广告的界定要符合两个要件:第一,广告主通过媒介来介绍自己的商品或提供的服务;第二,属于商业广告活动。在本案中,被告在其所办的报纸上刊登的"全新叉车5台,50型装载机2台,张经理:(0)136……"已符合法律中对广告的定义。张经理在刊登这则信息时介绍或推销了其产品的名称、数量、型号等,并提供了交易的方式。可见,那种认为只有对商品的性能、产地、用途、价格等主要内容清楚地进行介绍的信息才属于广告的观点是错误的。

（二）广告发布者的审查义务

为了确保广告的真实性、合法性,广告在发布前必须进行审查。目前,我国的广告审查方式主要分为两种,即行政性审查(例如医疗广告、保健食品广告、农药广告等)和广告经营单位(广告经营者、广告发布者)的自我审查。媒体对广告的审查属于自我审查的范畴。《广告法》(2015)第三十四条规定:"广告经营者、广告发布者应当按照国家有关规定,建立、健全广告业务的承接登记、审核、档案管理制度。"

媒体审查的内容包括"查验有关证明文件"和"核实广告内容"。证明文件包括营业执照、经营许可证、质量检验机构对商品质量出具的质检文件等。核实广告内容是指核实广告是否为虚假不实的广告,目的在于防止消费者受到虚假广告的欺骗。

广告发布者的审查义务要求对证明文件进行审查。首先应审查证明文件是否齐全,然后是审查广告内容和证明文件是否一致,关键在于审查证明文件的真伪。在我国,《广告法》明文规定要对证明文件的真伪性进行审查,广告发布者明知或者应知广告虚假仍设计、制作、发布的应当依法承担连带责任。依据《广告法》(2015)第五十六条的规定,广告发布者发布虚假广告,欺骗、误导消费者,使购买商品或者接受服务的消费者的合法权益受到损害的,由广告主依法承担民事责任;广告经营者、广告发布者不能提供广告主的真实名称、地址和有效联系方式的,消费者可以要求广告经营者、广告发布者先行赔偿。但我们应该认识到,《广告法》的立法原义是在找不到广告主的情况下,由广告经营者、广告发布者来承担法律责任。而在现实生活中,当事人看到广告后,就购买的产品与广告主进行接触。双方协商时,消费者应尽到应有的注意义务,对广告主的产品的真实性进行查验。此外,要求广告发布者对产品的真实性进行审查从成本、能力上来说也是不可能的。所以,广告发布者只要审查证明文件是否齐全、广告内容是否与证明文件一致,即履行了法定的审查义务。

(三)广告纠纷中广告发布者的责任

依据我国广告法律、法规的各项规定,广告发布者如未能依法履行审查广告的义务,造成侵权的,根据侵权的具体内容和危害程度,应承担相应的民事责任、行政责任、刑事责任。在本案中,原告方和广告主之间缔结买卖合同时,买方应考察卖方的资信情况、产品的质量等,而绝不应仅凭一则广告就订立合同,所以本案的被告的审查行为与原告的损失之间没有法律上的直接因果关系,不应当承担民事责任。但法院认为被告刊登的信息内容不属于广告的观点有失偏颇。

第四节　广告行为规范的方法

《广告法》(2015)是我国目前管理广告行为最主要的最权威的专门的法律规定,任何从事广告活动的单位和个人都必须认真贯彻执行。同时,施行的其他广告管理法律、法规、规章以及规范性文件使我国广告管理工作日趋体系化,也是指导和处理广告行为的依据。

广告从业人员需要遵纪守法,自觉地在国家允许的范围内开展广告业务活动。各级工商行政管理部门应根据这些法律、法规的内容,运用行政手段对广告活动进行监督、检查、控制和指导。

一、法律责任

1. 民事责任

构成广告侵权就应该承担损害赔偿责任,其构成要件由以下四个方面组成:

(1) 要有广告违法行为的存在。作为一种违法行为,它所违反的主要是广告法律、法规的规定。

(2) 要有损害的事实发生。损害事实主要指财产损害,也包括人身损害和精神损害。如果有广告违法行为但缺乏损害事实,行为人就不必承担侵权赔偿责任,但可能要承担相应的行政责任。

(3) 行为人必须有过错。行为人在实施广告侵权行为时,主观上有故意或有过失。如果行为人主观上没有过错,但同样违反了广告管理法规,并造成了危害后果,也应负相应的法律责任。

(4) 违法行为与损害事实之间必须有因果关系。如果广告违法行为与损害事实之间不存有因果关系,则行为人不承担广告侵权赔偿责任。

《广告法》(2015)第五十六条规定:"广告经营者、广告发布者不能提供广告主的真实名称、地址和有效联系方式的,消费者可以要求广告经营者、广告发布者先行赔偿。"同样,《广告法》(2015)第六十五条规定:"违反本法规定,隐瞒真实情况或者提供虚假材料申请广告审查的,广告审查机关不予受理或者不予批准,予以警告,一年内不受理该申请人的广告审查申请;以欺骗、贿赂等不正当手段取得广告审查批准的,广告审查机关予以撤销,处十万元以上二十万元以下的罚款,三年内不受理该申请人的广告审查申请。"另外,《广告法》(2015)第五十八条和《中华人民共和国反不正当竞争法》(2017)第二十条也有相关规定。

2. 行政责任

《广告法》系国家所制定的针对广告管理的一部行政管理法律,它对违法广告发布者的行政责任作了明确规定,例如《广告法》(2015)第五十五条规定:"违反本法规定,发布虚假广告的,由工商行政管理部门责令停止发布广告,责令广告主在相应范围内消除影响,处广告费用三倍以上五倍以下的罚款,广告费用无法计算或者明显偏低的,处二十万元以上一百万元以下的罚款;两年内有三次以上违法行为或者有其他严重情节的,处广告费用五倍以上十倍以下的罚款,广告费用无法计算或者明显偏低的,处一百万元以上二百万元以下的罚款,可以吊销营业执照,并由广告审查机关撤销广告审查批准文件,一年内不受理其广告审查申请。"另外,《广告法》(2015)第五十六条和《中华人民共和国消费者权益保护法》第四十五条也有相关规定。归纳可知,广告发布者应承担没收广告费用、处以罚款、依法停止其广告业务、通报批评等行政处罚。

3. 刑事责任

《中华人民共和国刑法》(2017)第二百二十二条规定了虚假广告罪,即"广告主、广告经营者、广告发布者违反国家规定,利用广告对商品或者服务作虚假宣传,情节严重的,处二年以下有期徒刑或者拘役,并处或者单处罚金"。

二、社会监督

广告的社会监督,是指社会对广告活动的各个方面进行的监督,包括新闻舆论监督、消费者监督和群众监督等。广告的社会监督以消费者监督为主,这是加强广告管理的有效方法。

消费者监督是指通过消费者组织行使的监督。各种类型的消费者组织是消费者为维护自身合法权益不受侵害而形成的社会团体,也是实施消费者监督和管理的主体单位。从国内外情况看,消费者组织能够对广告实行监督与间接管理,所发挥的作用已越来越大,它是国家行政管理的重要补充。

我国1983年8月22日在北京成立了全国用户委员会,1984年9月20日在广州成立了第一家地区性的消费者组织——广州消费者委员会,1985年12月成立了全国性的消费者组织——中国消费者协会。此后,各级地方性消费者组织纷纷建立起来。各种类型的消费者组织的建立反映了广大消费者的愿望和要求。它们保护消费者的正当利益,对消费品质量、价格进行监督,特别对维护广告的真实性、抵制不良广告的传播,效果明显。

每年开展的"3·15"维护消费者权益活动,更给打假扫劣增添了声势。消费者监督与新闻舆论机关和群众个体的监督结合起来,使广告的全面管理得以落实,保证了社会监督和管理更实在、更有效。

三、行业自律

从某种程度上说,加强广告行业的自律,比工商行政管理和消费者监督有着更为重要的意义。广告主体如从职业道德上对广告活动进行自我约束,自觉地遵守国家制定的各项法规、政策,服从工商行政管理部门的指导、检查、监督,就能从根本上解决不正当、不合法广告的问题,减轻广告管理的难度。

广告业比较发达的国家,都比较重视广告行业的自律工作,通过行业自律来有效改善广告传播环境。近些年来,我国广告行业的自律工作已经有了一定程度的发展。我国的广告业恢复以后,在20世纪80年代初成立的"中国广告协会"和"对外贸易广告协会",在国家工商行政管理局的指导下,对全国广告行业进行指导、协调、咨询、服务活动,功能和作用正在日益显现出来。1983年后,许多广告经营单位、广告媒体单位都依照《广告管理暂行条例》《广告管理条例》和《广告法》的有关规定,制定了自律条文和规定。

目前,我国广告行为的自律工作已经有了一体程度的发展,但是我国的广告行业组织在行业自律管理方面的功能,有待进一步加强和改进。

四、道德约束

广告行业首先受法律的约束,但还是有许多广告行为者打法律的擦边球。在法律的标准之下,广告还应有另一个标准——道德约束。道德约束对维护广告市场秩序,促进广告业社会主义精神文明建设,增强广告主、广告经营者、广告发布者及其他参与广告活动的单位和个人的社会公德意识和职业道德观念起到重要作用。

思考·案例·练习

1. 我国广告行为规范的主要内容有哪些?
2. 在我国的广告行为规范中,广告主的权利和义务体现在哪些方面?
3. 为什么广告发布者负有广告审查义务?

第五章　广告审查

本章提要：本章主要讲述广告审查的含义、分类，广告审查制度的含义，我国广告审查制度的发展历程及具体的法律、法规。目前，我国对广告的审查实行的是行政审查和广告经营者、广告发布者自行审查相结合的双轨审查制。

第一节　广告审查与广告审查制度

在整个广告活动中，广告发布前的审查环节是确保广告真实合法、维护市场秩序、确保消费者和市场主体合法权益的重要监管措施。下面我们将从广告审查的含义、我国广告审查制度的发展历程以及当前广告审查制度的现状等方面，初步讲解我国的广告审查情况。

一、广告审查

广告审查（Advertising Examination）是指在广告发布前对广告内容的真实性、合法性依照有关法律、法规的规定，查验证明文件，核实并认可广告内容所进行的一种审核活动。在我国，广告审查活动包括两种基本形式：一种是政府的行政审查，另一种是广告经营者、发布者的自行审查。开展广告审查是一种强制性要求和管理措施。

广告行政审查，是指有关政府机关在广告发布前对广告内容的真实性、合法性依照有关法律、法规的规定，查验证明文件，核实并认可广告内容所进行的一种审核活动。《广告法》（2015）第四十六条规定："发布医疗、药品、医疗器械、农药、兽药和保健食品广告，以及法律、行政法规规定应当进行审查的其他广告，应当在发布前由有关部门（以下称广告审查机关）对广告内容进行审查；未经审查，不得发布。"

行政审查本质上是一种行政审批行为，体现了政府干预社会秩序的强制性和权威性。针对特殊产品，企业的广告必须经过政府主管部门的批准才可以发布；若没有经过审批或者审批没有通过，是不能擅自发布的，否则就是违法行为。《广告法》（2015）第四十七条规定："广告主申请广告审查，应当依照法律、行政法规向广告审查机关提交有关证明文件。广告审查机关应当依照法律、行政法规规定作出审查决定，并应当将审查批准文件抄送同级工商行政管理部门。广告审查机关应当通过政府网站及时向社会公布批准的广告。"

行政审查是国家加强重点产品广告活动管理的必要措施，主要目的是把这些行业的虚假违法广告的社会危害降到最低点。就目前来讲,国家强制审查的行业往往也是广告问题比较严重的领域。

广告自行审查,是指广告主体中的广告经营者、广告发布者在设计、制作、发布广告前,必须依据法律、行政法规查验有关证明文件,如广告主的主体资格文件、质量检验文件等,对广告内容是否真实合法进行审核,并将检查、核对情况和检查结论、意见记录在案,以备查验。

《广告法》(2015)第三十四条规定:"广告经营者、广告发布者应当按照国家有关规定,建立、健全广告业务的承接登记、审核、档案管理制度。"

自行审查既是广告经营者、广告发布者的权利,也是其必须履行的法定义务。自行审查是在工商行政管理机关的监督指导下进行的。自行审查的对象是所有经手承办的广告,包括一般的商品广告,也包括特殊的经过国家政府机关审查过的商品广告。在实践中,大量的广告是由广告经营者、发布者在自行审查的基础上发布的。

广告审查和广告监督都属于广告监管的重要环节,分别属于事前和事后监管。就执行主体看,广告审查主要是相关政府机构(如国家食品药品监督管理局)、广告经营主体等;而广告监督的主体则比较广,主要有国家工商行政管理部门、媒体、消费者及消费者组织等。就监管目标来看,广告审查侧重于广告的真实性和合法性,而广告监督则侧重于广告的真实性、合法性、无误导、得体等有利于净化广告环境的方面。所以,在一些案例中,即使广告没有明显的违法情况,但是若伤害某些群体或者引发大众反感,也可能引发投诉等行为。

二、广告审查制度

广告审查制度是保证广告真实合法的一项重要的法律制度和管理制度。具体来讲,广告审查制度就是一个国家就广告审查活动所设立的管理与运行体制,主要就广告审查主体、审查依据、审查对象以及审查办法等所进行的制度设置。

(一)广告审查双轨制的确立

我国目前实行的广告审查制度是双轨制,即同时由国家行政机关和广告经营主体实施审查职能。随着《广告法》的颁布和实施,我国的广告审查就被分为两种类型,一类是针对特殊商品的行政审查,一类是非特殊商品的广告主体自行审查。《广告法》(2015)第三章"广告行为规范"主要就广告经营主体的审查义务进行了规定,第四章"监督管理"主要就"药品、医疗器械、农药等商品"的发布行为提出了强制性政府审查的要求。

需要指出的是,需要进行行政审批的特殊商品不一定只有《广告法》中列出的几种,实际上需要特殊"照顾"的商品名单会根据实际需要进行调整。比如,针对保健食品广告的突出问题,2005年国家食品药品监督管理局制定了《保健食品广告审查暂行规定》,并于当年7月1日正式施行。《保健食品广告审查暂行规定》明确规定:7月1日后在国家食品药品监督管理局网站上公布所有审批通过的保健食品广告,7月1日后保健食品广告未经审查不得发布。

(二) 广告审查主体

广告审查制度主要涉及的主体包括广告客户、广告经营者、广告证明出具机关。广告客户在委托广告经营者办理广告业务之前,应当审查自身广告是否真实合法,并办理和准备好应当提交和查验的广告证明文件;广告证明出具机关在依据广告客户申请、办理广告证明文件出具手续时,应当对广告内容进行审查,经审查合格的,方可出具证明文件;广告经营者承接广告业务时,应当审查广告内容,对内容失实、违法的不得承办。

但根据目前的相关规定,《广告法》等法律、法规并没有明确广告主在广告审查中的责任与义务,更多的是把广告主作为被审查对象看待。实际上,应当就广告主的广告审查责任、尤其是对广告审查的配合义务(如广告内容方面)等进行规定,因为广告主是整个广告活动的发起者,是广告的主要信息源,对产品信息相对更为熟悉。

(三) 广告审查员制度

广告审查员制度也是我国广告审查制度的重要组成部分。广告审查员制度,就是根据1997年施行的《广告审查员管理办法》制定的一项旨在规范和落实自行审查活动有效实行的制度。广告审查员制度主要就广告经营主体自行审查广告的执行人资格与素质、审查办法与内容、审查职责与行为规范等作出了相应的规定。

第二节 我国广告审查制度的发展历程

一、广告审查制度的形成过程

我国广告审查制度从萌芽、产生到发展、形成大致经历了以下三个时期[①]:

其一,最早肇始于20世纪初一些报馆依据一些自律条文对广告内容的"自审自查"。

其二,20世纪80年代后期形成了所有商品或服务广告在发布前由广告经营者和广告发布者审查的广告审查制度。如颁布于1987年的《广告管理条例》第十二条规定:"广告经营者承办或代理广告业务,应当查验证明,审查广告内容。对违反本条例规定的广告,不得刊播、设置、张贴。"

其三,从1995年2月1日《广告法》正式施行以来的广告审查"双轨"制时期。特定商品广告发布前必须由有关行政主管部门审查,而一般商品或服务广告则仍由广告经营者和广告发布者自行审查。

---

① 周茂君:《建立我国独立广告审查制度刍议》,《湖北社会科学》2001年第11期,第58页。

二、广告审查制度的两次调整

改革开放以后,随着广告业的快速发展,在确立一种什么样的广告审查制度上,我国经历了一个曲折的探索过程,主要经历了全部自行审查、全部行政审查和双轨制审查三个阶段。

(一)全部自行审查阶段(20世纪80年代后期～1993年)

从20世纪80年代后期开始,我国逐渐建立起了广告发布前由广告经营者和广告发布者共同参与、以广告经营者为主体的广告审查制度。1987年颁布的《广告管理条例》虽然只规定了广告经营者对广告内容的审查,未涉及广告发布者,但在实际操作过程中,任何一则广告要在媒体上刊播出来,都必须接受其对广告内容的审查,而且一些重要媒体还设专人负责对广告的审查。这种以广告经营者为主体的广告审查制度,是在我国广告行业恢复和发展初期,在各方面的条件都还不具备、不成熟的情况下,所形成的一种特有的广告管理方式。严格来说,它还不能算是一种完备的制度。

这一时期,广告审查的弊端也是非常明显的,比如:广告经营者在利益驱动下难以真正履行审查义务;广告经营者和广告发布者同属广告审查者,彼此职责不清,责任不明;多头审查给广告主的广告发布活动带来很多不便;等等。

(二)事前审查试点时期(1993年～1998年)

1993年7月,由国家工商行政管理局、国家计划委员会制定的《关于加快广告业发展的规划纲要》,已将"改革广告审查制度,完善广告监督体系"作为我国广告业发展的目标和任务之一,要求"到二〇〇〇年,对电视、广播、报刊和户外等媒介发布的广告全部实行发布前审查"。同年,国家工商行政管理局颁布的《关于设立广告审查机构的意见》和《广告审查标准(试行)》,对广告审查机构的设立、构成、运行方式、开办费用来源和各类广告审查标准等方面进行了规定。不过,以上规定只在国家工商行政管理局批准试点的地区试行。依据国家工商行政管理局下发的《关于在部分城市进行广告代理制和广告发布前审查试点工作的意见》(工商广字[1993]第214号,以下简称214号文件),国家决定在部分城市进行广告发布前审查试点工作。214号文件下发后,试点城市工商行政管理机关在当地人民政府的支持下,相继成立了广告审查机构。

不过,随着1995年2月1日《广告法》的实施,这种全部广告行政审查的试点工作结束。根据《广告法》(1994)的规定,广告监管机关不具有广告发布前审查的职能。但由于种种原因,部分试点城市广告监管机关的广告审查机构仍在从事广告发布前的审查工作,一些广告法律咨询服务机构存在着以法律咨询为名、从事广告发布前审查工作的现象。这种集广告行政执法与广告收费审查为一体的行为,违反了《广告法》的有关规定,在某种程度上已直接影响了广告监督机关的依法行政和执法形象。

于是,1998年国家工商行政管理局下发了《关于停办广告审查机构的通知》。通知规定:"一、各地广告监管机关一律不得成立新的广告审查机构或成立变相广告审查工作的机构。二、自1998年10月1日起,各地根据214号文件成立的广告审查机构,不得再使用广告审查批准文号。三、根据214号文件成立的广告审查机构的转制脱钩工作,国家工商行政管理局将在调查研究的基础上,进一步提出规范性意见。"至此,事前审查试点彻底结束,中国的广告审查真正进入了双轨制时期。

(三)双轨制审查时期(1995年以后)

随着1994年《广告法》的颁布和1995年2月1日的正式施行,《广告法》确立的明确的广告审查制度开始逐步得到落实。为配合对药品、医疗器械、农药和兽药等特殊商品广告实行发布前的审查,国家有关行政主管部门先后出台了相应的广告审查标准和办法,如《医药器械广告审查标准》《医药器械广告审查办法》《药品广告审查标准》《药品广告审查办法》《农药广告审查标准》《农药广告审查办法》《兽药广告审查标准》《兽药广告审查办法》等。

随着广告业的发展,国家不断完善双轨制广告审查制度。1997年1月1日正式施行的《广告审查员管理办法》,专门就广告自行审查进行了规范,主要就如何建立完善有效的广告审查员制度进行了规范和要求。1997年6月27日,国家工商行政管理局、卫生部联合发布了《关于进一步加强药品广告审查和监督管理工作的通知》。

根据2001年4月6日国家药品监督管理局下发的《关于成立国家药品监督管理局药品广告审查监督办公室及有关事项的通知》(国药监办[2001]217号)的要求,药品广告审查监督办公室成立。2003年4月11日,《关于建立药品广告审查管理内部工作提示制度的通知》出台。

2005年7月1日,《保健食品广告审查暂行规定》正式施行。2007年,经国家工商行政管理总局和国家食品药品监督管理局修订后的《药品广告审查发布标准》自5月1日起施行。2008年1月4日,国家食品药品监督管理局政策法规司下发了《关于征求〈医疗器械广告审查办法〉修改意见的通知》。2009年5月20日起,卫生部、国家食品药品监督管理局修订过的《医疗器械广告审查发布标准》开始施行。

第三节 广告审查的法律法规

广告审查必须在相应的法律、法规的指导下进行。为此,国家相关部门出台了一系列的规章制度。下面我们就1995年双轨制建立之后的广告审查规章制度进行简要介绍。

一、《广告法》对广告审查的总体性规范

我国广告审查双轨制的确立源自《广告法》(1995)。《广告法》(2015)第四十六条和第七十二条,分别就广告活动中的广告审查义务和行政管理中的强制性行政审查职责进行了原则性规定。如第四十六条规定:发布医疗、药品、医疗器械、农药和保健食品广告,以

及法律、行政法规规定应当进行审查的其他广告,应当在发布前由有关部门(以下称广告审查机关)对广告内容进行审查;未经审查,不得发布。

同时,《广告管理条例施行细则》(2004)中对广告审查也作了详细的规定。

二、针对特殊商品的广告审查规定

针对特殊商品广告发布需要进行行政审查的规定,除了《广告法》(2015)第四十六条的大纲性规定外,还有一系列的配套规章制度出台。

(一)《医疗器械广告审查标准》

1995年3月3日,国家工商行政管理局发布了《医疗器械广告审查标准》,标准共十三条,目的是"保证医疗器械广告的真实、合法、科学",立法依据是《广告法》《医疗器械广告审查办法》及国家有关医疗器械管理的规定。其中五类医疗器械不得发布广告。此外,还有其他内容和形式上的规定。

1995年3月8日,国家工商行政管理局、国家医药管理局联合发布了《医疗器械广告审查办法》,办法共十九条和三个附件,主要依据《广告法》的有关规定制定。办法规范的主要对象是"凡利用各种媒介或者形式发布有关用于人体疾病诊断、治疗、预防、调节人体生理功能或者替代人体器官的仪器、设备、器械、装置、器具、植入物、材料及其他相关物品的广告",主要执行主体是国家医药管理局和省、自治区、直辖市医药管理局或者同级医疗器械行政监督管理部门,它们要在同级广告监督管理机关指导下,对医疗器械广告进行审查。医疗器械广告的主要审查依据是《广告法》、国家有关医疗器械的管理规定和国家有关广告管理的行政法规及广告监督管理机关制定的广告审查标准。医疗器械广告的审查主要经历申请、初审、终审、复审等程序。

不过,2009年5月20日施行的经修订后的《医疗器械广告审查办法》共有二十八条,相比1995年发布的《医疗器械广告审查办法》有了更加严格的要求,例如:(1)企业发布的医疗器械广告如果任意扩大医疗器械适用范围,严重欺骗和误导消费者,一旦被发现,必须在原发布广告的媒体刊登更正启事,并暂停销售该器械;(2)通过一定媒介或形式发布的广告含有医疗器械名称、产品适用范围、性能结构及组成、作用机理等内容的,都应当进行审查,审查合格的,发给医疗器械广告批准文号。

(二)《药品广告审查标准》

1995年3月28日,国家工商行政管理局发布了《药品广告审查标准》,该标准共十五条,规定了七类药品不得发布广告。

1995年3月22日,国家工商行政管理局发布了《药品广告审查办法》,该办法共二十三条,主要调整对象为"利用各种媒介或者形式发布药品广告,包括药品生产经营企业的产品宣传材料",主要审查依据是《广告法》《中华人民共和国药品管理法》和国家有关广告管理的行政法规及广告监督管理机关制定的广告审查标准,主要审查机构是国务院卫生行政部门和省、自治区、直辖市卫生行政部门。

而 2007 年 5 月 1 日施行的新修订的《药品广告审查发布标准》(以下称"新标准"),共十九条,进一步规范了对广告的审查和发布管理,加大了监管执法的力度。"新标准"规定不得在大众传播媒介发布处方药广告。为了保证用药安全、引导合理用药,"新标准"作了详细规定:药品广告中涉及药品适应证或者功能主治、药理作用等内容的宣传,应当以国务院食品药品监督管理部门批准的说明书为准,不得扩大或者恶意隐瞒,不得含有说明书以外的理论、观点等内容;药品广告不得直接或者间接怂恿消费者任意、过量地购买和使用药品,不得含有免费治疗、免费赠送、有奖销售、以药品作为礼品或者奖品等促销药品的内容,不得含有评比、排序、推荐、指定、选用、获奖等综合性评价内容。

(三)《农药广告审查标准》

1995 年 3 月 28 日,国家工商行政管理局发布了《农药广告审查标准》,标准共十二条,主要是"为了保证农药广告的真实、合法、科学"。它要求发布农药广告,应当遵守《广告法》及国家有关农药管理的规定,符合随后国家广告监督管理机关发布的《农药广告审查办法》规定的程序。

1995 年 4 月 7 日,国家工商行政管理局、农业部联合发布了《农药广告审查办法》。办法共十八条,主要规范对象是"凡利用各种媒介或形式发布关于防治农、林、牧业病、虫、草、鼠害和其他有害生物(包括病媒害虫)以及调节植物、昆虫生长的农药广告",主要审查依据是《广告法》《农药登记规定》及国家有关农药管理的法规、国家有关广告管理的行政法规及广告监督管理机关制定的广告审查标准,主要执行部门是国务院农业行政主管部门和省、自治区、直辖市行政主管部门。

(四)《兽药广告审查标准》

1995 年 3 月 28 日,国家工商行政管理局发布了《兽药广告审查标准》,该标准共十条,主要目的是"保证兽药广告的真实、合法、科学",要求遵守《广告法》及国家有关兽药管理的规定,符合国家广告监督管理机关制定的《兽药管理条例》规定的程序,主要就禁止发布广告的产品范围、广告中禁止出现的字眼内容等进行了规定。2015 年 7 月 9 日,国家工商行政管理局关于《兽药广告审查标准(修订稿)》(征求意见稿)公开征求意见。

1995 年 4 月 7 日,国家工商行政管理局、农业部联合发布了《兽药广告审查办法》。该办法共十三条,主要是根据《广告法》《兽药管理条例》的有关规定制定的,主要审查依据是《广告法》《兽药管理条例》、国家有关兽药管理的规定及兽药技术标准,国家有关广告管理的法规及广告监督管理机关制定的广告审查标准;主要规范对象是"凡利用各种媒介或者形式发布用于预防、治疗、诊断畜禽等动物疾病,有目的地调节其生理机能并规定作用、用途、用法、用量的物质(含饲料药物添加剂)的广告,包括企业产品介绍材料等";主要执行机关是国务院农牧行政管理机关和省、自治区、直辖市农牧行政管理机关。

(五)针对特殊商品广告审查标准的完善

1997 年,为进一步贯彻执行《广告法》和《药品管理法》,加强药品广告的审查、监督管理工作,保证药品广告真实、合法、科学,国家工商行政管理局和卫生部联合下发了《关于进一步加强药品广告审查和监督管理工作的通知》。

2005年5月24日，国家食品药品监督管理局发布了《保健食品广告审查暂行规定》，暂行规定共二十六条，主要是"为加强保健食品广告的审查，规范保健食品广告审查行为"，是依据《中华人民共和国行政许可法》《国务院对确需保留的行政审批项目设定行政许可的决定》(第412号令)等法律、法规制定的。

三、针对广告自行审查的规定

1995年施行的《广告法》确立了广告经营、发布单位的广告审查义务，1997年1月1日正式施行的《广告审查员管理办法》则比较系统地确立了广告审查员制度。

1987年10月26日，国务院发布的《广告管理条例》于当年12月1日起施行。《广告管理条例》第十二条规定："广告经营者承办或者代理广告业务，应当查验证明，审查广告内容。对违反本条例规定的广告，不得刊播、设置、张贴。"

1988年1月9日，国家工商行政管理局公布了《广告管理条例施行细则》，其中第十八条规定："根据《条例》第十二条的规定代理和发布广告，代理者和发布者均应负责审查广告内容，查验有关证明，并有权要求广告客户提交其他必要的证明文件。对于无合法证明、证明不全或内容不实的广告，不得代理、发布。"

2005年1月1日起施行的经国家工商行政管理总局修改的《广告管理条例施行细则》第四条规定："广播电台、电视台、报刊出版单位，事业单位以及法律、行政法规规定的其他单位办理广告经营许可登记，应当具备下列条件：(1)具有直接发布广告的媒介或手段；(2)设有专门的广告经营机构；(3)有广告经营设备和经营场所；(4)有广告专业人员和熟悉广告法规的广告审查员。"同时，该细则第十六条规定："根据《条例》第十二条的规定，代理和发布广告，代理者和发布者均应负责审查广告内容，查验有关证明，并有权要求广告客户提交其他必要的证明文件。对于无合法证明、证明不全或内容不实的广告，不得代理、发布。"

《广告审查员管理办法》是针对广告自行审查最主要的规定，发布单位是国家工商行政管理局。《广告审查员管理办法》主要是为了加强对广告发布活动的管理，严格执行各类广告发布标准，是根据《广告法》(1995)第二十八条的规定制定的。

第四节　广告行政审查

一、广告审查机关

《广告法》(2015)第四章"监督管理"明确规定执行强制性广告行政审查制度。其中第四十六条规定："发布医疗、药品、医疗器械、农药、兽药和保健食品广告，以及法律、行政法规规定应当进行审查的其他广告,应当在发布前由有关部门(以下称广告审查机关)对广告内容进行审查;未经审查,不得发布。"第四十七条规定:"广告主申请广告审查,应当依照法律、行政法规向广告审查机关提交有关证明文件。广告审查机关应当依照法律、行政法规规定作出审查决定,并应当将审查批准文件抄送同级工商行政管理部门。广告审查机关应当及时向社会公布批准的广告。"

目前,在我国的主要广告审查办法,以及审查部门主要有如下几种情况:

(1)《医疗器械广告审查办法》(2009):省、自治区、直辖市药品监督管理部门。

(2)《药品广告审查办法》(2007):省、自治区、直辖市药品监督管理部门。

(3)《农药广告审查办法》(1998):国务院农业行政主管部门和省、自治区、直辖市行政主管部门。

(4)《兽药广告审查办法》(1998):国务院农牧行政管理机关和省、自治区、直辖市农牧行政管理机关。

(5)《保健食品广告审查暂行规定》(2005):省、自治区、直辖市(食品)药品监督管理部门。

2001年4月6日,国家药品监督管理局下发《关于成立国家药品监督管理局药品广告审查监督办公室及有关事项的通知》,要求成立药品广告审查监督办公室,行政隶属中国药品生物制品检定所,业务工作直接归国家药品监督管理局市场监督司领导。这应该是针对广告审查而专门设立的一个政府办公机构。

二、行政审查的目的与原则

广告审查的总体原则是真实性、合法性和科学性,这也是广告审查的主要目的。行政审查的目的在诸多具体的广告审查标准和办法中,都有明确规定,比如《农药广告审查标准》开篇就指出目的是"保证农药广告的真实、合法、科学"。实际上,这是对《广告法》以及有关准则、条例的贯彻和执行。《广告法》(2015)第一条规定:"为了规范广告活动,保护消费者的合法权益,促进广告业的健康发展,维护社会经济秩序,制定本法。"第三条规定:"广告应当真实、合法,以健康的表现形式表达广告内容,符合社会主义精神文明建设和弘扬中华民族优秀传统文化的要求。"

三、行政审查的主要措施

目前,在我国行政审查的主要措施有以下三种。

(一)制定规章条例

依靠规章条例进行行政审查就要根据形势发展需要随时补充或修订广告审查办法或标准,保证有法可依。比如,针对保健食品广告的突出问题,2005年5月24日国家食品药品监督管理局印发了《保健食品广告审查暂行规定》。紧接着,国家食品药品监督管理局于2006年9月30日,又下发了《关于建立违法药品医疗器械保健食品广告警示制度的通知》，要求各省、自治区、直辖市食品药品监督管理局（药品监督管理局）执行《违法药品医疗器械保健食品广告警示制度（暂行）》。2007年，针对民办高校随意发布招生章程和招生广告的情况，教育部建立了民办高校招生广告审查制度。

目前，新媒体的广告缺乏有效的审查制度。网络中充斥着很多的违法广告，虚假广告数不胜数，甚至还有大量的色情广告，这些广告严重地危害和影响着青少年的健康成长。面对新兴的广告媒介的出现，现行的《广告法》还缺乏具体的相应的监督管理审查制度。

（二）加强各部门、机构之间的配合和协作

加强各部门、机构之间的配合和协作，尤其要保持审查与监督机关之间的通畅合作。这种分工与协作包括横向和纵向两种方式。这一点在很多特殊产品广告审查标准和办法中，都有明确要求。比如，1995年3月8日发布的《医疗器械广告审查办法》第四条规定："国家医药管理局和省、自治区、直辖市医药管理局或者同级医疗器械行政监督管理部门（以下简称省级医疗器械行政监督管理部门），在同级广告监督管理机关指导下，对医疗器械广告进行审查。"此外，各监督机关都会要求将审查结果报送相关工商管理部门备案备查，这是一种明显的横向协作方式。

2009年4月7日发布的《医疗器械广告审查办法》第四条规定："省、自治区、直辖市药品监督管理部门是医疗器械广告审查机关，负责本行政区域内医疗器械广告审查工作。县级以上工商行政管理部门是医疗器械广告监督管理机关。"同时，该办法第五条规定："国家食品药品监督管理局对医疗器械广告审查机关的医疗器械广告审查工作进行指导和监督，对医疗器械广告审查机关违反本办法的行为，依法予以处理。"而《保健食品广告审查暂行规定》则实行三级监管机制，即指导和监督、审查、监测——国家食品药品监督管理局指导和监督保健食品广告审查工作，省、自治区、直辖市（食品）药品监督管理部门负责本辖区内保健食品广告的审查，县级以上（食品）药品监督管理部门应当对辖区内审查批准的保健食品广告发布情况进行监测。这是一种同一系统纵向的分工和协作方式。

（三）规范审查机构的职责与行为，提高审查效率和透明度

2003年，国家药品监督管理局实行"药品广告审查管理内部工作提示制度"，通过建立药品监管部门内部"信誉档案"，进一步规范药品广告审批行为，提高审批质量，确保有关药品广告审查监督管理的各项规定贯彻落实。2004年7月，国家食品药品监督管理局启动和使用"药品、医疗器械广告审查电子政务系统"，保证全国所有审查批准的药品、医疗器械广告内容在1日后通过SFDA（即国家食品药品监督管理局的英文缩写）政府网站向社会公布，要求各省、自治区、直辖市食品药品监督管理局（药品监督管理局）从2004年7月1日起，通过"药品、医疗器械广告审查电子政务系统"进行药品、医疗器械广告的受理和审批。同时，应保证药品、医疗器械广告审查人员能够通过国家食品药品监督管理信息系统业务专网开展药品、医疗器械广告审批工作。

此外，主管机关定期举办专项的广告审查培训班，让相关业务人员熟悉新法规，提高执法水平，有效地开展市场监管、整治虚假药品广告工作。

第五节　广告自行审查

广告自行审查是我国广告审查的主要形式,也是主流形式。在媒体上投放的大多数广告都是广告经营主体依照国家的法律、法规通过自行审查完成的。广告自行审查是在工商行政管理部门的指导和监督下进行的,本质上可以看作是工商行政管理部门对广告行政审查的一种民间委托。换言之,广告自行审查是由工商行政管理部门间接实施的一种"行政审查"。

一、广告自行审查的执行主体

广告自行审查的主要指导性文件是《广告法》,而直接的指导文件是 1997 年 1 月 1 日施行的《广告审查员管理办法》。

就广告自行审查主体而言,《广告审查员管理办法》第二条明确规定:"设立广告审查员是建立广告业务管理制度的一项内容。广告经营者、广告发布者应当依照本办法的规定,配备广告审查员,并建立相应的管理制度。"第三条规定:"广告经营者、广告发布者设计、制作、代理、发布的广告,应当经过本单位广告审查员书面同意。"

2004 年 10 月 23 日,国家工商行政管理总局下发了《关于广告审查员管理工作若干问题的指导意见(试行)》。意见指出:"广告经营单位对其设计、制作、代理、发布的广告进行审查(以下简称广告审查),是一项基本的法定义务,也是一项法定的制度。各级工商行政管理机关应当根据《行政许可法》的要求,统一认识,指导广告经营者、广告发布者健全广告审查管理制度,配备符合广告审查工作要求的广告审查人员。"从中可以看出广告自行审查的执行主体是广告经营者和广告发布者,而具体执行人则是广告审查员。

二、广告审查员的职能与职责实施

根据《广告审查员管理办法》第四条的规定,作为广告审查员应当履行下列职责:"(一)依照国家法律、法规、行政规章和国家有关规定,审查本单位设计、制作、代理、发布的广告,签署书面意见;(二)负责管理本单位广告档案;(三)向本单位的负责人提出改进广告审查工作的意见和建议;(四)协助本单位负责人处理本单位遵守广告管理法规的相关事宜。"

按照《广告审查员管理办法》第六条的规定,广告审查员按照下列程序审查广告:"(一)查验各类广告证明文件的真实性、合法性、有效性,对证明文件不全的,提出补充收取证明文件的意见;(二)核实广告内容的真实性、合法性;(三)检查广告形式是否符合有关规定;(四)审查广告整体效果,确认其不致引起消费者的误解;(五)检查广告是否符合社会主义精神文明建设的要求;(六)签署对该广告同意、不同意或者要求修改的书面意见。"

一些地方的工商行政管理部门,对广告自行审查制定了更加具体的职责和工作要求。比如《北京市广告审查员管理办法》第四条规定:"广告经营者、广告发布者设计、制作、代理、发布的广告须经本单位的广告审查员同意。未经广告审查员同意擅自发布广告构成广告违法行为的,工商行政管理机关在查处广告经营者、广告发布者时,作为从重情节予以处罚。"这在一定程度上有利于广告审查员的职能得以发挥。

三、对广告审查员的规范与管理

对广告审查员的规范主体是各级工商行政管理部门。《广告审查员管理办法》第十条规定:"工商行政管理机关对广告审查员的管理与监督:(一)办理《广告审查员证》的颁发、迁移、收回、注销等手续并建立管理档案;(二)组织广告审查员学习国家广告管理法规、政策;(三)掌握广告审查员的工作情况,并及时给予表扬鼓励或者批评教育;(四)对广告审查员作出错误审查决定的情况进行记录;(五)受理广告审查员关于广告审查工作的意见、建议和投诉。"

对广告审查员的规范与管理主要包括资格管理和专业管理。资格管理,主要是明确广告审查员资格的获取和拥有的途径及要求。专业管理,就是针对广告审查员的业务能力的管理。通过《广告审查员管理办法》可以看出,培训和考试是获得从事广告审查工作资格的主要形式。此外,一些考核要求则直接决定了广告审查员资格是否可以持续拥有。

《广告审查员管理办法》第九条明确了广告审查员资格获取的方法:"广告审查员应当由所在单位委派,参加工商行政管理机关统一组织的培训、考试并取得《广告审查员证》之后,方获得从事广告审查工作的资格。"

《北京市广告审查员管理办法》第二条规定:"北京市工商行政管理局是本市广告审查员的管理机关,负责对广告审查员的资格培训、考试、发证、法律法规知识更新及日常管理与监督。北京市工商行政管理局委托有关行业自律组织负责办理有关的具体工作事项。委托单位应将被委托事项立档保存,同时输入计算机。"

《厦门市广告审查员管理办法》第四条规定:"各广告经营者、广告发布者应按工商行政管理部门规定的时间,委派其内部一定数量的广告审查人员参加广告审查员的培训工作。对广告审查员的培训包括定期法规培训、知识更新培训和对违法问题严重的广告经营单位的广告审查员进行集中培训。"第五条规定:"对按照统一教材经过定期法规培训或集中培训考试合格者,由市工商行政管理局发给《广告审查员培训合格证书》。"

在审查资格是否持续拥有上,《广告审查员管理办法》第十一条、第十二条、第十三条都有明确规定,这些规定有力地约束和规范了审查员的资格和身份。

此外,在对这个特定岗位从业人员的管理上,工商行政管理机关除了要坚持以上的硬性规定措施外,还采取了其他更加灵活的奖惩措施。《广告审查员管理办法》第十四条规定:"工商行政管理机关对广告审查员的批评、表扬,《广告审查员证》的收回、迁移,应当在《广告审查员证》和广告审查员管理档案中予以注明。"这说明工商行政管理机关可以对广告审查员开展批评和表扬。

在《厦门市广告审查员管理办法》中,对广告审查员履行职责的情况,实行计分制。计分基数为 100 分,只扣不加,同时列举了六种扣分情况。"广告审查员当年内被扣分值累计达 50 分以上的,因其未依法履行法定职责,由工商行政管理机关通知其参加相应的法规培训,并责令改正。"而在一些地方,则开展争创广告发布"零违法率"活动或专业知识竞赛等。

思考·案例·练习

1. 什么是广告审查?
2. 什么是广告审查制度?
3. 广告审查员的职责是什么?
4. 我国当前的广告审查制度是如何形成的?
5. 广告行政审查与广告自行审查有哪些区别?
6. 案例与讨论。

央视广告审查行为准则与审查流程

材料一:央视广告审查员行为准则

第一条　审查员应以把握政治导向、杜绝违法广告为原则,以服务客户、确保广告创收为目标,既要坚持原则,也要力保创收。

第二条　审查员要有服务意识,要以良好的态度对待客户,做到"微笑服务"。

第三条　审查员之间应该主动互相帮助、相互补台,避免忙闲不均、广告公司排队等候。

第四条　广告审查的中心任务是对符合法律、法规的广告给予及时通过,对有问题的广告要提出积极的修改建议,帮助客户尽快实现广告播出。

第五条　审查员遇到无法解决、难以把握的问题,须逐级上报或终审时说明情况,请示领导,不得推诿、隐瞒、延误。

第六条　对于特殊形式(回报)的广告,审查员必须得到相关业务科组的负责人进行书面确认后方可通过审查。

第七条　审查员坚持不定期轮岗制,在轮岗期间,如现任审查员审查标准与原审不一致时,双方之间应先进行沟通;若不能形成共识,则上报领导,要求重新终审。

第八条　审查员须坚持周拜访制度:由指定工作人员(必须两人以上)每周前往北京市工商局监测中心了解工商局对我台广告的监测情况,并就我部在审查工作中遇到的现行问题进行沟通与咨询。而广告类型为新产品,审查员对相应审查标准不清晰时,须向国家工商管理总局请示,并及时将广告违规与咨询信息反馈给部领导。

第九条　审查员严禁凭主观意识和个人好恶对广告进行评判,对于不符合法律、法规的广告,要依据有关条款耐心向广告公司媒介员进行解释、说明。

第十条　审查员须在第一次初审时将广告及相关材料存在的所有问题一次性提出,

要求清楚、明白、完整，严禁因审查员的失误造成多次反复。

第十一条　审查员严禁以任何理由（已经终审、所属行业等）拒绝提供审查服务、推诿客户。

第十二条　审查员严禁以试用、试听等名义向客户索要物品。

材料二：中央电视台广告审查操作流程

第一步：广告片初审。

第二步：建立企业文档并生成版本ID号；

　　　　建立企业文档与资料录入；

　　　　生成版本ID号。

第三步：初审通过锁定ID号并关联企业文档；

　　　　初审通过锁定ID号；

　　　　关联企业文档。

第四步：绿标广告的申请、推荐及初审。

第五步：广告素材上载。

第六步：广告终审。

（资料来源：www.cctv.com，有删节）

讨论：结合央视的广告审查标准，你觉得广告自行审查对广告经营主体的经营活动有哪些现实意义？媒体作为广告发布者应该如何有效地履行广告自行审查的职责？

第六章　广告违法行为的法律责任

本章提要：广告违法行为是指违反我国广告管理法规，并危害社会的行为。法律责任是指行为人对其实施的违法行为及所造成的危害应承担的法律规定的后果。

第一节　广告违法行为的概念及主体

一、广告违法行为的概念

广告违法行为是指违反我国广告管理法规，并危害社会的行为。广告管理法规不仅指专门约束广告活动的法律、法规和规章，而且还包括有关法律、法规中涉及广告管理内容的规定。

（一）广告违法行为的特点

广告违法行为具有以下特点：
(1) 具有社会危害性的行为；
(2) 违反我国广告法律、法规；
(3) 依据我国广告法律、法规应当受到行政、民事、刑事处罚。

（二）广告违法行为的成立条件

广告违法行为的成立需具备下列条件：
(1) 必须有违反我国广告管理法规的一种行为。
(2) 必须有对广告管理法规所保护的客体的侵害。广告活动主体在广告活动中侵害了广告管理法规所保护的客体，应当承担法律责任。如果没有侵害，或侵害的是其他法律、法规所保护的客体，不能以广告违法行为论处。
(3) 广告违法行为主体是广告活动的参与者。广告违法行为主体是从事广告活动的法人、其他经济组织和个人，包括广告主、广告经营者、广告发布者。
(4) 广告违法行为人必须有过错。一种是故意过错，指广告违法主体有意识地实施了广告违法行为；一种是过失过错，指广告违法主体不了解和没有意识到自己行为的危害性，或虽然意识到行为的违法性，但清楚可以避免其危害后果，这时违法主体主观上无过错,但他同样违反了广告管理法规,并造成了危害后果,也应负相应的法律责任。

(5) 使用户、消费者遭受了损失。由于广告违法行为人发布了不真实的、违法的广告,欺骗或误导了消费者,使消费者上当受骗,使消费者在使用按照广告购买来的商品后经济利益遭受损害。

二、广告违法主体

广告违法主体是指实施了广告违法行为的自然人或法人,包括广告主、广告经营者、广告发布者、社会团体或者其他组织、广告监督管理机关和广告审查机关的工作人员。

(一) 广告主

广告主为一种确能满足消费者某种需要的商品进行推广宣传的时候,应该把该商品的质量、特征、性能等明确真实地告诉给消费者,并向广告经营者和发布者提供全面、真实、合法的证明文件。所以,广告主在广告活动中起着决定作用,在广告的责任归属上负有绝对责任。

(二) 广告经营者

广告经营者是广告主与广告发布者之间的重要中介。它的职责绝不是代表广告主设计广告稿和订购广告版面与播放时间这么简单。由于他们最熟悉广告业务,最清楚有关的法律、法规,所以完全能够而且应该通过调查研究了解有关市场情况并掌握广告主的具体情况和产品特点,从而能够在考虑广告主促销要求的同时,考虑如何准确地把信息传达给公众。所以,广告发布者应本着既为广告主服务,又对消费者负责、对社会负责的精神,对广告主提供的信息进行认真的审查和有尺度、有策略的艺术加工。

(三) 广告发布者

广告发布者利用自身拥有的媒介手段,掌握着最终的决定性步骤——广告的发布。广告一经发布就会对整个社会产生巨大的影响。正因为如此,广告发布者有权要求对将要发布的广告进行全面的审核,只有在肯定广告作品无问题的条件下才可发布广告。如果只要付费,来稿即登,出了问题照样应承担相应的责任。

广告活动主体成为广告违法主体时各有各的责任,都是不容推诿的。广告应真实、合法、符合社会主义精神文明建设和弘扬中华民族优秀传统文化的要求,缺一不可。

(四) 社会团体、其他组织或个人

社会团体是指除企业、事业单位法人以外由若干成员为共同目的而自愿结合的社会组织,如广告协会、戏曲协会等。目前,许多社会团体和其他组织经常在广告中向消费者推荐商品或者服务。于是,有一些假冒伪劣的商品、服务的经营者投其所好,骗取推荐,使消费者的合法权益受到损害,这种现象具有更大的欺骗性。为了更好地保护消费者的利益,为了制止这种现象的蔓延,广告法规规定了社会团体、其他组织或个人在虚假广告中

推荐商品或服务,使消费者的合法权益受到损害的,也应承担连带责任。

(五)广告审查机关和广告监督管理机关工作人员

广告审查机关依法负有审查特殊商品广告内容的责任。其工作人员在履行审查职责时应本着对人民的生命财产安全负责任的精神,秉公执法,恪尽职守,严格把关,防止违法广告的出现。这也是国家机关工作人员应当具有的起码的敬业精神。如果广告审查机关的工作人员不能恪尽职守,对违法的广告内容作出通过审批的决定,无疑会给社会给人民的生活带来麻烦,这种行为必须得到严惩。

广告监督管理机关是代表国家对广告活动进行监督管理的行政部门。一方面,广告监督管理机关及其工作人员依据《广告法》可以行使职权,同时也必须行使职权,任何听任或者放纵违法广告的行为都意味着失职。另一方面,不允许其享有任何广告法律规定之外的特权,对广告监督管理机关及其工作人员的行政违法行为必须追究。

第二节　广告违法行为的法律责任

一、广告违法行为的种类及处罚

(一)非法经营广告

非法经营广告是指违反《广告法》的规定,未经工商行政管理机关核发营业证照,擅自承办广告业务或超出核准的经营范围从事广告经营活动。非法经营广告的具体行为如下:

(1)无证经营广告。没有办理《广告经营许可证》的单位或个人,无论是从事常年性的广告经营活动,还是从事临时性的广告经营活动,都属于广告违法行为。

(2)超出经营权限范围经营广告。《广告经营许可证》对广告经营的范围有明确的界定。凡超出经营范围的广告经营活动,均属违法经营。

(3)新闻单位内部非广告经营部门从事广告经营活动,以及新闻工作者借采访名义招揽广告等均属违法经营。

(4)外国企业或组织、外籍人员未经中国的具有外商广告经营权的广告经营单位的代理,直接在中国境内承揽广告的,均属违法行为。

(5)未经有关部门批准,承办经营性印刷品广告、赞助广告、大量发行邮寄广告等行为都是违法行为。

对于违法经营广告的单位和个人,应取缔其违法经营活动,没收违法所得,并处罚款。情节严重、构成犯罪的,由司法机关依法追究刑事责任。

（二）发布虚假广告

发布虚假广告，是指以欺骗方式进行不真实的广告宣传。发布虚假广告的具体行为如下。

1. 广告主介绍的商品或服务本身就是虚假的

广告主介绍的商品或服务本身即为虚假，常见的有以下几种情况：

（1）广告中有关商品质量、性能、功效等的说明，不符合商品的实际质量、性能、功效等；

（2）擅自改变食品、药品、农药等特殊商品的《广告审批表》批准宣传的内容，进行虚假、夸大宣传，欺骗、误导消费者；

（3）利用虚假广告招生办学、培训技术；

（4）发布虚假的"致富信息、实用技术"广告骗取钱财；

（5）无商品可供，或以次充好，以邮购为名骗取购物款，非法牟利。

2. 广告主自我介绍的内容与实际不符

广告主自我介绍的内容与实际不符的常见情况有以下两种：

（1）谎称自己已取得生产许可证、商品注册证；谎称产品质量已达到规定标准、认证合格，并获得专利等；谎称产品获奖，获优质产品称号等。

（2）假冒他人注册商标、科技成果以及假冒他人名义为自己的企业或产品作广告宣传。

3. 对产品、服务的部分承诺是虚假的，不能兑现且带有欺骗性的

对于这一种行为，我们将通过案例进行讲解说明。

【案例】某品牌换肤霜在进入北京市场前，曾经在广州、上海等城市红极一时，其火爆的宣传用语使每个购买者都抱着"旧貌换新颜"的希冀。过高的期望值带来的结果也非同一般，最后换肤霜在北京"触礁"了，"效果不佳""出现副作用"等投诉纷纷涌向消费者协会及新闻媒介。柜台前曾人头攒动的该品牌，最后落得"门前冷落车马稀"，企业的巨额广告费也化为乌有，而且还陷入了令人难堪的法律纠纷之中。

根据《广告法》(2015)第五十五条、第五十六条、第六十一条的规定，违反本法规定发布虚假广告的，由工商行政管理部门责令停止发布广告，责令广告主在相应范围内消除影响，并处一定罚金；违反本法规定，发布虚假广告，欺骗、误导消费者，使购买商品或者接受服务的消费者的合法权益受到损害的，由广告主依法承担民事责任；关系消费者生命健康的商品或者服务的虚假广告，造成消费者损害的，其广告经营者、广告发布者、广告代言人应当与广告主承担连带责任。虚假广告罪，是指广告主、广告经营者或广告发布者违反法律规定，利用广告对商品或服务做虚假宣传，情节严重的行为。

根据有关规定，涉嫌下列行为的予以追诉：

（1）违法所得金额在十万元以上的；

（2）给消费者造成的经济损失在五十万元以上的；

（3）虽未达到上述数额标准，但因利用广告虚假宣传，受过行政处罚二次以上，又利用广告做虚假宣传的；

(4) 造成人身伤残或者严重后果的。

(三) 发布违禁广告

广告主或广告经营者违反《广告法》(2015)第九条、第十条的规定,即构成发布违禁广告的违法行为。

【案例】 2009年2月15日,《××时报》头版以半版的篇幅刊出一则醒目的广告,广告题为"多美滋真金不怕火炼,上海市质量技术监督局正式声明多美滋产品检测完全合格"。广告内容大致为:从2008年9月中旬上海市质量技术监督部门驻厂监管以来,932批多美滋配方奶粉均未检出三聚氰胺;2009年2月13日,上海市质量技术监督局的检查员发布了对多美滋产品的检测结果,所有多美滋产品均不含三聚氰胺,符合国家标准。

此广告刊出后,在业内引起反响。这则广告使用了行政机关——上海市质量技术监督局的名义,违反了《广告法》的相关规定。

《广告法》(2015)第九条第(二)项规定,广告不得"使用或者变相使用国家机关、国家机关工作人员的名义或者形象"。对发布违禁广告的行为,《广告法》(2015)第五十七条规定,"发布有本法第九条、第十条规定的禁止情形的广告的","由工商行政管理部门责令停止发布广告,对广告主处二十万元以上一百万元以下的罚款,情节严重的并可以吊销营业执照,由广告审查机关撤销广告审查批准文件、一年内不受理其广告审查申请;对广告经营者、广告发布者,由工商行政管理部门没收广告费用,处二十万元以上一百万元以下的罚款,情节严重的,并可以吊销营业执照、吊销广告发布登记证件"。

(四) 发布超越经营范围或国家许可范围的广告

超越经营范围,是指广告经营者和广告客户超越工商行政管理机关核准营业证照所明确规定的营业范围而经营广告业务的行为。

工商行政管理机关在核准广告经营许可证和营业执照时按照申请者的营业能力规定了营业范围,每个广告经营者都必须严格按被规定的营业范围从事经营活动。

(五) 发布有产品获奖内容,但不标明产品获奖级别、时间、颁奖部门的广告

《广告管理条例》中所指的获奖产品包括两类:一类是指获得政府有关主管部门或其授权单位授予各类奖项的产品和获得国际组织授奖的产品;另一类是指获得国家质量奖审定委员会,国务院各主管部门,省、自治区、直辖市人民政府授予国优、部优、省优质产品奖的产品。

1987年10月26日国务院颁布的《广告管理条例》第十一条第(二)项规定:"标明获奖的商品广告,应当提交本届、本年度或者数届、数年度连续获奖的证书,并在广告中注明获奖级别和颁奖部门。"第(三)项规定:"标明优质产品称号的商品广告,应当提交政府颁发的优质产品证书,并在广告中标明授予优质产品称号的时间和部门。"

(六) 发布无合法证明或证明不全的广告

广告证明是指表明广告客户主体资格和广告内容真实、合法的文件、证件。广告主委

托广告经营者或广告发布者承办广告业务时,应当依法向广告经营者、广告发布者交验上述两类证明文件,并保证所提交的广告证明真实、合法、有效;广告经营者、广告发布者承办广告业务时,应当要求广告主提供相应证明,并依据法律、行政法规查验有关证明文件,核实广告内容,对内容不实或证明不全的广告,广告经营者不得提供设计、制作、代理服务,广告发布者不得发布。

根据《广告法》(2015)第六十一条的规定:"违反本法第三十四条规定,广告经营者、广告发布者未按国家有关规定建立、健全广告业务管理制度的,或者未对广告内容进行核对的,由工商行政管理部门责令改正,可以处五万元以下的罚款。"。

（七）广告主伪造、涂改、盗用或擅自复制广告证明

伪造广告证明是指广告主假造制作广告证明文件。涂改广告证明是指广告主对广告证明文件证明的内容进行改制,变换其内容,以适合其需要。盗用广告证明是指广告主将不属于自己所有的广告证明窃为己有,非法使用。擅自复制广告证明是指广告主非法复制法律规定不能自行复制的广告证明。

根据《广告法》(2015)第五十九条的规定,广告主提供虚假证明文件的,由广告监督管理机关处以十万元以下罚款。

（八）为广告主出具非法或虚假广告证明

为广告主出具非法或虚假证明是指《广告法》没有授权的机关或国家工作人员利用职务之便,擅自为广告主出具无效的、虚假的证明。

对于出具非法或虚假广告证明的,工商行政管理机关要依法予以严惩。凡因出具非法或虚假证明而给他人造成伤害的,要承担连带赔偿责任。《广告法》(2015)第七十二条规定:"广告审查机关对违法的广告内容作出审查批准决定的,对负有责任的主管人员和直接责任人员,由任免机关或者监察机关依法给予处分;构成犯罪的,依法追究刑事责任。"第七十三条规定:"工商行政管理部门和负责广告管理相关工作的有关部门的工作人员玩忽职守、滥用职权、徇私舞弊的,依法给予处分。"

（九）广告经营过程中的垄断和不正当竞争行为

1. 垄断行为的表现

广告经营过程中的垄断行为是指广告活动的当事人或经济组织对广告市场运行过程或这一过程的某些方面的排他性控制,即对其他的合法广告经营活动进行排斥、控制等。具体行为表现如下:

（1）两个或两个以上的广告经营者签订限制竞争的协议,例如:签订分割广告市场的协议,规定各自不进入对方占领的市场或进入后互不竞争;一致同意共同对付外来竞争或规定其他竞争者进入市场的条件等。

（2）在市场上占优势的企业,以不正当竞争行为谋取独占地位,例如:无正当理由拒绝某一类广告经营者以外的其他广告经营者做交易;强迫对方接受不合理的交易条件,搞歧视性价格,对不同的广告经营者实行不同的收费标准。

2. 不正当竞争行为的表现

不正当竞争行为,是指以欺骗性的、有害的竞争方法与同类企业进行竞争的行为。其具体表现如下:

(1)编造、散布有损于竞争对手的不真实的消息;

(2)采用贿赂或变相贿赂等非法手段招揽广告;

(3)违反国家广告收费标准规定,采用改变广告代理收费标准的手段,争抢客户。

《广告法》(2015)第三十一条规定:"广告主、广告经营者、广告发布者不得在广告活动中进行任何形式的不正当竞争。"根据《广告管理条例施行细则》的规定,在广告活动中进行垄断或不正当竞争的,视其情节予以通报批评、罚款或责令停业整顿。

二、广告违法行为的法律责任

《广告法》对广告违法行为规定了行政责任、民事责任、刑事责任三种法律责任。

(一)广告违法行为的行政法律责任及处罚方法

广告违法行为的行政法律责任是指按照广告管理法规的规定,行为人不履行广告管理法规规定的义务或实施了广告管理法规所禁止的行为时,所应承担的后果。根据《广告法》的规定,对违反广告管理法规的广告违法主体,由工商行政管理机关追究其行政上的法律责任,并视情节轻重,分别给予不同的行政处罚。广告行政处罚的目的在于给予违反广告管理法规的单位和个人以教育,从而防止新的广告违法行为以及更严重的行为——犯罪的发生。

1. 广告行政处罚类型

(1)责令改正。责令改正是指广告监督管理机关对违反有关规定发布的情节轻微的违法广告,监督其予以修改,使该广告符合法律规定后,再准予发布。

(2)责令停止发布广告。责令停止发布广告是指广告监督管理机关对违反广告法律、法规的广告,采取行政措施,强制广告活动的主体取消该广告的发布。这种处罚形式通常适用于广告媒介非法经营广告或越权经营广告,以及发布虚假广告等违法行为。

(3)公开更正。公开更正是指广告监督管理机关对违反广告法律、法规的广告,强制违法当事人承担费用以同样的传播方式在该广告所影响涉及的范围内,向社会公众和消费者作公开澄清,说明该广告的违法之处,以消除该广告的消极影响。这种处罚形式通常适用于虚假广告的违法行为。

(4)通报批评。通报批评是指广告监督管理机关以书面形式对广告违法人予以公开批评和谴责。

(5)没收非法所得。没收非法所得是指广告监督管理机关对发布违法广告的当事人,依法将其所收取的广告费用或经营收入无偿收归国有,上缴国库的处罚措施。

(6)罚款。罚款是指广告监督管理机关强迫违法广告当事人交纳一定数量的货币,以剥夺违法当事人某些财产权的处罚。

(7)停止广告业务。停止广告业务是指广告监督管理机关对违法情节严重,造成一定社会危害后果的广告活动主体,依法取消其广告经营资格的处罚。

(8) 停业整顿。停业整顿是指广告监督管理机关对违法情节严重的企业法人或其他经济组织,强制其在一定时期内停止从事经营活动,强制其检查和纠正错误。

(9) 吊销营业执照或广告经营许可证。吊销营业执照或广告经营许可证是指广告监督管理机关对违法情节严重,已经不适宜继续从事广告活动的企业法人或者其他经济组织,依法剥夺其经营资格的处罚。这是最严厉的行政处罚。

2. 广告行政处罚的具体规定

《广告法》(2015)中,对于广告违法行为的行政处罚的具体标准,作出了明确规定。

例如第五十九条规定,有下列行为之一的,由工商行政管理部门责令停止发布广告,对广告主处十万元以下的罚款:

(1) 广告内容违反本法第八条规定的;
(2) 广告引证内容违反本法第十一条规定的;
(3) 涉及专利的广告违反本法第十二条规定的;
(4) 违反本法第十三条规定,广告贬低其他生产经营者的商品或服务的。

广告经营者、广告发布者明知或者应知有前款规定违法行为仍设计、制作、代理、发布的,由工商行政管理部门处十万元以下的罚款。

广告违反本法第十四条规定,不具有可识别性的,或者违反本法第十九条规定,变相发布医疗、药品、医疗器械、保健食品广告的,由工商行政管理部门责令改正,对广告发布者处十万元以下的罚款。

再如第五十五条规定,违反本法规定,发布虚假广告的,由工商行政管理部门责令停止发布广告,责令广告主在相应范围内消除影响,处广告费用三倍以上五倍以下的罚款,广告费用无法计算或者明显偏低的,处二十万元以上一百万元以下的罚款;两年内有三次以上违法行为或者有其他严重情节的,处广告费用五倍以上十倍以下的罚款,广告费用无法计算或者明显偏低的,处一百万元以上二百万元以下的罚款,可以吊销营业执照,并由广告审查机关撤销广告审查批准文件,一年内不受理其广告审查申请。

(二) 广告违法行为的民事法律责任及处罚

广告违法行为的民事法律责任是指广告主、广告经营者、广告发布者因进行广告违法活动,欺骗和误导消费者,使购买商品或接受服务的消费者的合法权益受到损害,或有其他侵权行为时应承担的民事法律责任。

1. 构成民事责任的要素

(1) 必须有违反我国广告法律、行政法规的行为存在,即广告主、广告经营者、广告发布者有广告违法行为。

(2) 必须有损害事实的存在。损害包括物质损害和非物质损害。物质损害即财产的损害,是指消费者受损害后的财产减少或妨碍现有的财产增值;非物质损害,多指对消费者名誉权、肖像权等人身和精神方面的损害。

(3) 损害事实与广告违法行为之间必须有因果关系,即损害事实直接由广告违法行为造成。

(4) 广告违法行为人必须有过错,即广告主、广告经营者、广告发布者在主观上有故意或过失。

以上四个要素必须同时具备,广告违法行为人才承担民事责任。

2. 承担民事责任的行为

广告违法行为人对自己的违法行为应依法承担民事责任,除《中华人民共和国民法通则》《中华人民共和国消费者权益保护法》等法律的规定外,《广告法》(2015)更是作了专门的明确的规定,具体内容如下:

(1) 违反本法规定,发布虚假广告,欺骗、误导消费者,使购买商品或接受服务的消费者的合法权益受到损害的,由广告主依法承担民事责任。广告经营者、广告发布者不能提供广告主的真实名称、地址和有效联系方式的,消费者可以要求广告经营者、广告发布者先行赔偿。

(2) 关系消费者生命健康的商品或者服务的虚假广告,造成消费者损害的,其广告经营者、广告发布者、广告代言人应当与广告主承担连带责任。

(3) 社会团体或者其他组织,在虚假广告中向消费者推荐商品或者服务,使消费者的合法权益受到损害的,应当承担连带责任。

(4) 广告主、广告经营者、广告发布者违反本法规定,有下列侵权行为之一的,依法承担民事责任:在广告中损害未成年人或者残疾人的身心健康的,假冒他人专利的,贬低其他生产经营者的商品或者服务的,广告中未经同意使用他人名义或者形象的,其他侵犯他人合法民事权益的。

3. 承担民事责任的方式

承担民事责任的方式,也即对广告违法行为所采取的民事制裁措施。以什么样的方式承担民事责任,是由民事责任所担负的职能和消费者被损害的情况决定的。一定的责任方式与侵权情况和责任范围相适应。各种广告违法行为的民事责任方式在实际处理中既可单独适用一种,也可同时适用多种。根据《中华人民共和国民法通则》《广告法》等法律、法规的规定,广告违法行为人承担的民事责任方式如下。

(1) 停止侵害、排除妨碍、消除危险

停止侵害是指行为人正在实施侵害行为,受害人有权要求其停止实施或请求人民法院制止其实施,以避免损害后果发生或扩大的措施。如广告主发布广告,其广告内容有贬低某厂的产品,则某厂可以要求该广告主停止侵害。

排除妨碍是指权利人行使其权利受到他人不法阻碍或妨害时,有权要求加害人排除阻碍或妨害或请求人民法院强制排除,以保障权利正常行使的措施。如某公司设置一户外广告,该广告妨碍了某校正常的道路通行,则该校有权要求该公司拆迁户外广告、排除妨碍。

消除危险是指消除造成他人人身或财产损害的可能性。只要某广告违法行为有对他人人身或财产造成某种损害的可能,该权利人即有权要求行为人消除或请求人民法院强制其消除,以避免发生损害后果。

以上三种责任方式都以防止或消除损害为目的,属于防止性的责任方式。它们既适用于侵害公民、法人财产权的情况,也适用于侵害人身权的情况,是常见的责任形式。其中停止侵害和消除危险,对各种广告违法行为,如侵害他人专利权、商标权、人格权、名誉权等有重要的意义。

(2) 返还财产、恢复原状

返还财产是指国家、集体或其他人的财产被不法侵占而有返还可能时,财产所有人或合法占有人,即可要求返还原财产,以恢复到权利人合法占有状态的保护措施。

恢复原状是指财产被不法损坏或形状被改变而有复原的可能时,受害人有权要求恢复原状,以恢复到财产未受损坏或未改变时的原有状态。

(3) 修理、重作、更换和支付违约金

修理、重作、更换是指产品不合质量要求时,权利人有权要求进行修补缺陷、重新制作或予以更换的补救责任措施。修理、重作、更换适用于产品瑕疵的不同情况。如有损伤、瑕疵时,可请求修理损伤、除去瑕疵,保证达到质量合格状态;如不能达到合格状态即可要求重新制作,或在具备更换条件下要求更换。

支付违约金是指当事人依照法律规定或约定,在违约行为发生后,由违约方向对方支付一定数量的金钱。违约金是违反广告合同民事责任的重要形式,其特点就在于它既有赔偿性又有惩罚性。它的给付,仅以存在违约的事实并且是违约人的过失为依据。这也是它同赔偿损失的重要区别。违约金可由法律规定或在广告合同中约定,其数额一般根据违约金的性质来确定。赔偿性违约金的数额,应与实际损失数相适应。惩罚性违约金,则不以损失多少为限。但是,如果双方约定违约金数额高于实际可得利益,则应依照公平与诚实信用原则认定无效。

(4) 赔偿损失

赔偿损失是指广告违法行为给消费者造成财产损失时,广告违法行为人应补偿受害人相应数额的财产的责任方式。它是广告违法行为的民事责任的主要方式,是保护消费者合法权益的重要手段。它既适用于造成有形财产损失的责任,也适用于精神损害的责任;既适用于广告违法行为的侵权损害赔偿,也适用于广告主、广告经营者、广告发布者之间违反广告合同的责任。赔偿损失数额的确定,一般以补偿权利人所受的实际损失为原则。当广告主、广告经营者、广告发布者确实经济状况较差、无力赔偿全部损失时,可以根据损害发生的原因及受害人经济状况等情节,给予适当减免。

(5) 消除影响、恢复名誉、赔礼道歉

消除影响、恢复名誉是指公民或法人的人格权受到不法侵害时,有权要求广告违法行为人在造成影响的范围区域,以公开形式承认侵害过错、澄清事实,以恢复未受损害时社会对受害人的品行、才能和信誉的良好评价。这种责任方式,不具有经济补偿的性质,是一种非财产责任方式。如广告中未经同意损害他人名义或者形象的,受害人有权要求消除影响、恢复名誉。

赔礼道歉是指公民或法人的人格权受到广告违法行为的侵害,情节轻微者,权利人可要求广告违法行为人当面承认错误、表示歉意,以保护其人格尊严。它是将道德责任法律化,是一种非财产责任方式。

以上非财产责任方式,一般适用广告违法行为人对他人人身权(主要是对人格权)的侵害,但对专利权、商标权或违反广告合同情节轻微的也适用。

4. 损害赔偿应遵循的原则

根据《广告法》(2015)第五十六条的规定,发布虚假广告,欺骗、误导消费者,使购买商品或者接受服务的消费者的合法权益受到损害的,由广告主依法承担民事责任。赔偿损失是一种主要的民事责任方式,因此确定损害赔偿的标准、原则有着重要的意义。广告违法行为损害赔偿应遵循以下原则:

(1) 对财产损失全部赔偿原则。对因广告违法行为给受害人造成财产上的损失,广告违法行为人应予受害人全部赔偿,这是由民事责任的性质决定的。民事责任主要是财产责任,其目的在于对造成的损害给予经济上的补偿,使受害人的损失得以偿还,因此要以补偿全部损失为原则。财产损失包括财产的直接减少和可能得到的利益的丧失。可得利益,是指按照合理预见的原则,当事人已经预见或应当预见到的必然能够得到的预期收益。

(2) 对人身损害,赔偿由此引起的财产损失的原则。人身损害是一种非财产的损害,它包括对人的生命、健康以及人格权的损害。这些损害有时只引起无形损害(即精神损害),而有时会伴随引起财产损失。凡因人身损害而造成的财产损失,则应赔偿全部损失,如赔偿医疗费、住院费、营养费、护理费、误工工资、交通费等。凡致人残疾,除赔偿上述费用外,还应赔偿生活补助费。

(3) 对精神损害,实行财产责任与非财产责任并用的原则。《广告法》(2015)第三十三条规定,广告主或者广告经营者在广告中使用他人名义或者形象的,应当事先取得其书面同意;使用无民事行为能力人、限制民事行为能力人的名义或者形象的,应当事先取得其监护人的书面同意。根据《中华人民共和国民法通则》规定,公民的姓名权、肖像权、名誉权、荣誉权受到侵害的,有权要求停止侵害、恢复名誉、消除影响、赔礼道歉,并可以要求赔偿损失。广告违法行为给受害人造成精神损害,根据受害人的请求,行为人应承担财产责任和非财产责任。

5. 应承担连带责任的情形

广告违法行为的民事法律责任的承担者,有时是一个行为人,有时是一个以上的行为人。数个行为人的广告违法行为适用于连带赔偿责任的规定。

广告违法行为的连带责任是指由共同侵权损害,即两个或两个以上单位或个人共同给他人造成损害,共同致害人就负连带赔偿责任。如广告主制造虚假广告,广告经营者、广告发布者没有严格审查而制作、发布虚假广告,致使消费者的权益遭到损害等。

《广告法》(2015)第五十六条规定了广告违法行为承担连带责任的情况,即:"广告经营者、广告发布者、广告代言人,明知或者应知广告虚假仍设计、制作、代理、发布或者作推荐、证明的,应当与广告主承担连带责任。""关系消费者生命健康的商品或者服务的虚假广告,造成消费者损害的,其广告经营者、广告发布者、广告代言人应当与广告主承担连带责任。"

根据广告管理法规,无论是一个还是数个广告违法行为的主体,只要造成他人损害的,当事人即可向人民法院起诉,请求人民法院处理、裁决,赔偿损失。

民事法律责任与行政法律责任、刑事法律责任相比,其显著的特点是:民事责任是以财产责任为主的一种法律责任,即一种经济责任。因此,对应承担民事责任的广告违法人,广告管理机关将依法责令其承担经济后果,给予其经济处罚。处罚的手段主要有赔付赔偿金(即违法方给对方造成损失时支付的补偿金)、缴纳违约金、没收非法所得、罚款。

行政法律责任与民事法律责任往往结合起来使用。追究民事责任时,不能免除行政责任;追究行政责任时,不能免除民事责任。

(三)广告违法行为的刑事责任及处罚

广告违法行为造成的危害达到一定的程度,触犯了刑法,就构成了犯罪。广告行为人违反广告管理法律、法规规定,情节严重,构成犯罪时所给予的刑事处罚,即为广告违法行为的刑事责任。对于构成犯罪的,广告管理机关应及时移交司法部门追究其刑事责任。被追究刑事法律责任的主体只能是自然人。

《中华人民共和国刑法》规定,一切危害国家主权和领土完整,危害无产阶级专政制度,破坏社会主义革命和社会主义建设,破坏社会秩序,侵犯全民所有制的财产或者劳动群众集体所有制的财产,侵犯公民私人所有的财产,侵犯公民的人身权利、民主权利和其他权利,以及有其他危害社会的行为,依照法律应当受到刑法处罚的,都是犯罪。

《广告法》(2015)第五十五条规定:"广告主、广告经营者、广告发布者有本条第一款、第三款规定行为,构成犯罪的,依法追究刑事责任。"第七十二条规定:"广告审查机关对违法的广告内容作出审查批准决定的,对负有责任的主管人员和直接责任人员,由任免机关或者监察机关依法给予处分;构成犯罪的,依法追究刑事责任。"

1. 破坏社会主义经济秩序罪

破坏社会主义经济秩序罪是指违反国家财政经济管理法规,破坏国家经济管理活动,使社会主义国民经济遭受严重损害的行为。在此类犯罪中,涉及广告的犯罪行为主要是假冒商标罪。假冒商标罪是指以营利为目的,违反《中华人民共和国商标法》,利用广告假冒其他企业注册商标,情节严重,构成犯罪的行为。

2. 侵犯财产罪

侵犯财产罪是指行为人以非法占有为目的,攫取公私财物,或者故意毁坏公私财物的行为。在此类犯罪中,涉及广告的犯罪行为主要是诈骗罪。诈骗罪是指以非法占有为目的,利用虚假广告,骗取数额较大的公私财物的行为。如利用招生广告骗取报名人学费,数额较大,而其根本不具备办学能力。

3. 妨害社会管理秩序罪

妨害社会管理秩序罪是指妨害国家机关对社会的管理活动,破坏社会秩序,情节严重的行为。在此类犯罪中,涉及广告的犯罪行为主要有:利用征婚广告对应征妇女进行调戏、侮辱,构成猥亵侮辱妇女罪;伪造、复制虚假广告证明或其他有关证件,凡构成妨害公文、证件、印章罪等都应当依法承担刑事责任。

4. 侵犯公民人身权利、民主权利罪

侵犯公民人身权利、民主权利罪是指故意或者过失地侵犯他人的人身和与人身直接有关的权利以及他人依法享有的民主权利的行为。在此类犯罪中,涉及广告的犯罪行为主要有利用广告散布故意捏造的某种虚构的事实,损害或贬低他人人格,破坏他人名誉,情节严重而构成侮辱、诽谤罪的行为。

5. 对广告监督管理机关和广告审查机关工作人员违法行为的处理

《广告法》(2015)第七十三条规定:"工商行政管理部门对在履行广告监测职责中发现的违法广告行为或者对经投诉、举报的违法广告行为,不依法予以查处的,对负有责任的主管人员和直接责任人员,依法给予处分。工商行政管理部门和负责广告管理相关工作的有关部门的工作人员玩忽职守、滥用职权、徇私舞弊的,依法给予处分。有前两款行为,构成犯罪的,依法追究刑事责任。"

刑事责任是当事人违法行为构成犯罪,由当事人承担的一种法律责任。与行政责任、民事责任相比,刑事责任要严厉得多。行政责任和民事责任追究的是一般违法行为,刑事责任追究的是犯罪行为。因此,对已构成严重犯罪的广告违法行为,国家司法部门将追究责任人的刑事责任。

《中华人民共和国刑法》第二百二十二条规定:广告主、广告经营者、广告发布者违反国家规定,利用广告对商品或者服务作虚假宣传,情节严重的,处二年以下有期徒刑或者拘役,并处或者单处罚金。最高人民检察院、公安部《关于经济犯罪案件追诉标准的规定》第六十七条"虚假广告罪"对涉嫌虚假宣传的情形细化为以下四类情况:违法所得数额在十万元以上的;给消费者造成的直接经济损失数额在五十万元以上的;虽未达到上述数额标准,但因利用广告作虚假宣传,受过行政处罚二次以上、又利用广告作虚假宣传的;造成人身伤残或者其他严重后果的。国家工商行政管理局于1991年10月4日下发的《关于广告经营违法案件非法所得计算方法问题的通知》(工商广字[1991]第337号文)也对广告经营违法案件中非法所得如何计算作了详细规定,其中明确规定:"广告经营承办或代理内容违法广告的,以全部广告费收入作为非法所得……"可见,国家对违法广告的管理是司法、行政双管齐下。

思考·案例·练习

1. 广告违法行为有哪些表现形式?
2. 涉及广告违法行为的罪名有哪些?
3. 案例与讨论。

【案例1】从事留学中介服务的甲公司在公司开设的微信公众号中推送了一篇文章,指责同行乙公司为"抄袭狗""做贼心虚"以及"坑骗客户"等。该文章阅读量较大,被广泛转发。

乙公司认为,身为留学中介同行,甲公司广泛散布和传播捏造的虚伪事实,恶意诽谤乙公司抄袭,是为了借助乙公司在留学中介行业的高知名度和良好声誉炒作,以达到不正当竞争的目的,给乙公司带来了重大的经济损失。为此,乙公司要求对方停止侵权并赔偿经济损失40万元以及合理开支10万余元。

但甲公司称,该公司是将真相告知大众,所有的澄清与言辞均是客观、适度的。就算因为气愤有些语言上的使用不当,也完全是普通大众朴素的情感,这与法律规定的不正当竞争行为有本质区别。

法院经审理认为,甲公司的言论属脱离事实的主观臆断,是对"真实情况"的过度解读,极具攻击性,而非"普通大众朴素的情感";该行为构成对乙公司的商业诋毁,属于不正当竞争行为。据此,判令被告停止侵权、赔礼道歉并赔偿经济损失2万元和合理支出2万元。

【提示】一些企业在经营自媒体时,可能因发布不当内容而侵害他人合法权益。微信公众号运营者发布信息需提高注意义务,杜绝发表不实言论、进行商业诋毁或不正当竞争。

被侵权的公司及个人应提高自我保护及维权意识,注意保留证据,必要时借助专业机构通过公证流程、可信时间戳等方式进行举证,依法维护自身权益。

【案例2】北京的一家图像技术公司起诉称,其为某图片供应商在中国境内唯一授权代理;某影视股份有限公司未经许可,在其微信公众号中使用了该公司享有著作权的摄影作品,侵害了其摄影作品的信息网络传播权。

该图像公司曾多次要求影视公司提供授权使用文件或者停止侵权行为并赔偿经济损失,但遭拒绝,为此起诉要求对方立即停止侵权并赔偿经济损失及维权合理开支2万元。最终,在法院的调解下,双方达成协议,影视公司支付原告版权使用费6000元。

【提示】不少人遇到精美、有趣的网络图片喜欢随手保留,其中包括摄影照片、动漫美术作品。这些图片往往不知来源,不知作者。殊不知,随意发布朋友圈时,一张小小的图片也可能引发著作权侵权纠纷。

其实,很多网上图片都是具有著作权的作品。我国著作权法规定,未经著作权人许可,任何人不得擅自在网络上传播其作品。在网络上将他人享有著作权的图片未经许可随意上传,属于侵犯著作权中的信息网络传播权的范畴,在没有其他法定理由的情况下,可能构成侵权。

随着公众知识产权保护意识的增强,越来越多的摄影师和动漫原创作者通过提起知识产权诉讼的方式,积极维权并获得赔偿。对于"指尖一族",在上传图片发布朋友圈时应当做到:不明来源的图片尽量不上传,发布他人图片应取得权利人授权,合理使用他人图片要注明作者和出处,收到侵权通知要及时删除。

【案例3】王女士是一位全职妈妈,在照顾孩子的闲暇之时做起了微商,在朋友圈销售某品牌化妆品。王女士精心拍摄了带有该品牌商标标识的商品图片发布在朋友圈。

该化妆品品牌企业诉称,公司对涉案商标享有权利,其从未许可王女士销售相关产品。王女士未经公司同意,在微信朋友圈销售的行为侵犯了其商标权。庭审中,王女士无法证明所销售化妆品的合法来源。此外,经鉴定,王女士销售的商品也并非正品。经过审理,法院最终判决王女士的行为侵害了该化妆品品牌企业的商标权,判令其赔偿相应的经济损失。

【提示】活跃在微信朋友圈中的微商,常常以图文并茂的营销宣传进行商业推广。但微商推广要注意:注册商标的使用须符合法律规定,否则很容易引官司上身。

朝阳区法院知识产权审判庭法官李自柱介绍,根据《中华人民共和国商标法》的规定,销售侵犯注册商标专用权商品的行为,属于侵犯注册商标专用权的行为;销售不知道是侵犯注册商标专用权的商品,能证明该商品是自己合法取得并说明提供者的,不承担赔偿责任。

李自柱法官提醒,从事微商,一是要坚持诚信无欺,做到正规渠道进货;二是要保留好相关凭证,以备必要时说明商品的合法来源。

【案例4】2015年11月初的一天,群众举报方林富炒货店存在违反广告法律、法规的行为。市场监督管理局接到举报到达该店铺后,发现店铺西侧墙上印有两块"方林富炒货店 杭州最优秀的炒货特色店铺""方林富杭州最优秀的炒货店"内容的广告;店铺西侧柱子上印有一块"杭州最优炒货店"字样的广告牌;店铺展示柜内放置有两块手写的商品介绍板,上面分别写有"中国最好最优品质荔枝干"和"2015年新鲜出炉的中国最好最香最优品质燕山栗子"的内容;展示柜外侧的下部分贴有一块广告,上面写了"本店的栗子,不仅是中国最好吃的,也是世界上最高端的栗子";对外销售栗子所使用的包装袋上印有"杭州最好吃的栗子"和"杭州最特色炒货店铺"。

2016年1月6日,杭州方林富炒货店的老板方林富收到市场监管部门的告知书,说因他的广告中多了个"最"字,被初步认定违反《广告法》,面临20万元的罚款。

随后,方林富用笔把招牌上的几个"最"字给涂掉了,但是装炒货的包装袋,由于量大,一时难以处理。

1月22日,方林富收到行政处罚听证通知书:杭州市西湖区市场监督管理局决定于2月1日对"方林富炒货店涉嫌违法广告"一案举行听证。在经过4个月的调查、听证等环节后,杭州市西湖区市场监督管理局通知方林富,须在4月6日前缴清罚款。而对这个结果,方林富表示不服,将两级市场监督管理局告上法庭。

2016年11月3日,方林富炒货店诉两级市场监管局案开庭审理。

西湖区市场监督管理局经过调查认为,方林富炒货店在经营场所内外及包装袋上发布广告,并使用"最好""最优""最香""最特色""最高端"等绝对化宣传用语,违反《广告法》的规定,遂作出责令停止发布使用绝对化用语的广告,并处罚款20万元的行政处罚决定。

炒货店认为该行政处罚决定认定事实不清、适用法律错误、罚款数额过高,提起行政复议申请。杭州市市场监督管理局作出维持处罚的行政复议决定。该炒货店仍不服,诉至西湖区人民法院。庭审中,双方激烈争辩。

西湖区人民法院经过审理认为:原告关于"杭州最优秀的炒货特色店铺"等介绍店铺形象的宣传用语不受《广告法》调整的主张,不能成立。本案中,被告提交的案涉现场及包装袋照片、询问笔录等证据可以证明原告发布的广告内容违反了《广告法》的规定,原告的违法事实成立。

关于罚款数额,法院认为,本案20万元罚款是否明显不当,应结合《广告法》禁止使用绝对化用语所需要保护的法益,以及案件的具体违法情形予以综合认定。

【提示】《广告法》是一部规范广告活动,保护消费者合法权益,促进广告业健康发展,维护社会经济秩序的法律。该法明确禁止使用"国家级""最高级""最佳"等绝对化用语。在广告中使用绝对化用语,不仅误导消费者,不当刺激消费心理,造成广告乱象,而且贬低同行,属于不正当的商业手段,扰乱市场秩序。原告的广告违法行为既要予以惩戒,同时也应过罚相当,以起到教育作用为度。

根据案涉违法行为的具体情况,法院认为,原告系个体工商户,在自己店铺和包装袋上发布了相关违法广告,广告影响力和影响范围较小,客观上对市场秩序的扰乱程度较轻微,对同行业商品的贬低危害较小。其次,广告针对的是大众比较熟悉的日常炒货,栗子等炒货的口感、功效为大众所熟悉,相较于不熟悉的商品,广告宣传虽会刺激消费心理,但不会对消费者产生太大误导,商品是否真如商家所宣称"最好",消费者自有判断。综合以上因素,法院认为原告的案涉违法行为情节较为轻微,社会危害性较小,对此处以 20 万元罚款,在处罚数额的裁量上存在明显不当。

最终,西湖法院判决,变更杭州市西湖区市场监督管理局的行政处罚决定中"处以罚款 20 万元"为"处以罚款 10 万元",撤销杭州市市场监督管理局的行政复议决定。

讨论:阅读以上案例,指出方林富的违法之处,并指出判断其违法的法律依据;作为广告主和广告管理机构,在广告的规范和管理中各自要起什么作用?承担什么责任?

第七章　广告道德规范

本章提要：广告道德属于职业道德的含义。本章通过对广告道德规范的含义、原则、对象等的阐述,强调广告道德规范的重要性以及广告道德建设的重要意义。

第一节　广告道德规范的含义与不良表现

广告是一种社会力量,在提高人民生活水平的过程中发挥着重要作用。广告为自由经济社会提供了丰富的物质机会、社会机会和文化机会,从而使劳资双方的生产力都得到了提高。当然,广告业不可避免地有其自身的缺陷。从它诞生的那天起,这个行业便缠上了诚实和道德问题。

道德和广告与生俱来。"皮之不存,毛将焉附?"道德依附于广告,有了广告就有了广告的道德问题。《晏子春秋·内篇杂下》记载的"悬牛首于门,而卖马肉于内也",就涉及广告的道德问题。

18世纪,有人提出了有关广告道德的问题。1759年,英国约翰逊曾这样评论:"广告也和其他技术一样,应该服从于公众的利益。我对那些负责做广告的人,不能不问一下有关道德的问题,你们是否有玩弄人们感情的行为?"

19世纪80年代,被称为现代广告之父的约翰·E·鲍威尔斯曾呼吁美国广告界制止虚假广告,并提倡广告语言要真实可靠和简洁生动,这是来自广告业内的对广告道德的呼声。虽然人们早已对广告道德规范提出了种种质疑,但相对于医学道德、法律道德这些拥有长久发展历史及客观研究成果的领域而言,我们对广告道德的研究与探讨落后了一大截。

随着广告向专业化方向发展,广告道德问题逐渐成为广告界、媒体及全社会关注的重要问题。在强调"以德治国"的今天,增强广告道德意识,加强广告道德建设,构建一个有中国特色的社会主义广告道德已成为紧迫的不容忽视的重要任务。

一、广告道德规范

通常意义上的道德,是指社会上个人的思想品德和行为规范。其实,道德的真正含义是调节一定社会人们相互关系的道德意志、道德行为、道德规范的总称。它是通过社会舆论和内心信念调节人们之间关系的思想行为准则。

人类社会是一个群体,每个人在群体生活中都时刻自觉或不自觉地用自己的思想行为去处理自己与他人的关系。如果他的思想和行为符合当时社会公认的准则,就是有道德的表现;相反,如果违背当时社会公认的准则,就是缺乏道德的表现。道德作为社会意识形态的特殊形式,是由一定时期的社会经济关系所决定的,并反作用于一定社会的经济基础。

广告道德属职业道德的范畴。职业道德是从事一定正当职业的人们,在工作或劳动过程中处理个人与社会及个人与他人关系时应遵循的、与其职业特点相适应的思想和行为准则。职业道德是社会道德的重要组成部分,又是社会道德在职业生活中的具体体现。职业道德寓于社会道德之中,社会道德包含着职业道德。职业道德是人们在从事职业活动过程中所产生的道德规范。

一般情况下,职业道德只能在特定范围内起作用,即只能在本行业范围内起作用,约束本行业人员的言行,反映本行业的特点,体现本行业的需要。它既是本行业人员在职业活动中的思想行为准则,又是这个行业对社会应尽的道德责任和义务。每个行业的职业道德根据本行业的特点,从道义上要求本行业人员在完成本职工作中,以一定的思想、作风和行为去待人处事。它规定本行业人员在履行职责中应该做什么,不应该做什么,应该怎样做,不应该怎样做。

所以,广告道德是一种特殊的职业道德,即:广告道德不仅仅是一般意义上的广告从业者的职业道德准则和道德规范,而且是对除广告受众以外的一切与广告活动发生关系的广告参与者的道德要求和行为规范。

广告道德是在特定的社会经济关系下,人们在从事广告活动中逐渐形成的一种行为规范。它具有以下特点:

第一,不同社会制度下的广告道德具有不同的内容。广告道德的形成受一定社会制度条件下的文化的影响。它体现了一定社会经济关系所决定的社会文化和社会职业道德的基本原则和要求。

第二,广告道德的形成有其自身的规律和特点。广告道德是在广告活动中逐渐形成的,是充分反映广告活动规律、广告行业特点与要求的一种道德形式和道德准则。因而在不同的社会制度下,广告道德还具有共同性的一面。例如,对虚假广告,各国都有消费者组织和法规、条例等进行约束、管理和制裁。

第三,广告道德是包括广告活动中所发生的全部人员之间关系的准则和规范的总和,包括广告主与广告经营单位之间、广告经营单位之间、广告主与消费者之间、广告经营单位与消费者之间的关系,等等。其中,最重要的是广告主与消费者之间的关系,这是广告道德最主要的问题之所在。

二、不道德广告行为的表现

1. 程度轻微的欺骗性广告

广告内容应该清楚、明白,不能使消费者产生误解。《广告法》(2015)第八条明确规定:"广告中表明推销的商品或者服务附带赠送的,应当明示所附带赠送商品或者服务的品种、规格、数量、期限和方式。"然而,有的广告主就是要在文字上玩游戏,让消费者上当受骗。如一些酒店为了招揽顾客,往往会打出吃多少送多少券的广告,而实际上券的使用带有一条又一条广告中所没有的附加条件。这种有意利用文字误导和欺骗消费者的广告扰乱了正常的广告宣传和销售经营,损害了消费者的利益。但由于程度较轻,政府的工商行政部门实际上不可能对其作出行政处罚,所以更多地需要在道德层面加以约束。

2. 失真性广告

失真性广告是指广告主和广告制作单位在主观上并无故意欺骗消费者的意图,但在客观上却造成与事实有违或欺骗效果的广告。这类广告很多。造成失真性广告数量较大的原因也有很多:有的受媒介物的制约,如在电视上做药品广告,由于受时间限制,不可能把药品所有的性能都讲清楚从而造成的失真;有的是因为广告创作人员过分自信或缺乏对商品市场的全面了解而造成失真,如称"没有什么比这更好的了""××是你的最佳选择"等;也有的因为广告制作水平太低而造成失真。当然,失真性广告严重的话也要受到法律的追究。但失真性广告因为无主观上的欺骗性,并且很大一部分是可以通过努力来避免的,所以也可纳入道德规范的范畴。

3. 诱惑性广告

诱惑性广告的目的,是让消费者购买广告产品之外的商品。做的是 A 产品的广告,但 A 产品仅仅是一种诱惑,目的却是让消费者购买 B 产品。比如,广告主大做"减价"的广告,但消费者进入商场后,发现减价的商品仅占 10% 而已,90% 以上的商品仍是原价或是附带有特定的要求。又如,某商品在广告上称有特价,但消费者去购买时却被告知特价产品已售完,然后向消费者推荐另外一种产品。对于诱惑性广告,我国目前的法律、法规尚没有有效的明确防范与制裁措施,只是笼统地要求"广告必须具有可识别性"。由于诱惑性广告亦真亦假,而目前的法律、法规又无明确的规定,所以也只能用道德的力量予以调节。

4. 有争议的广告

有争议的广告很容易引起广告界和社会各界的密切关注,也容易成为学术上、社会实践上的研究课题。有争议的广告常常是打广告规定擦边球的。比如,有的丰胸广告使用的广告语"做女人挺好""没有什么大不了的""做阳光女人,挺有峰度"等。批评者说这些丰胸广告有"性暗示""有色情倾向",而肯定者则说这些丰胸广告"比较含蓄",是一种文明的显示。工商行政管理部门对这一类广告也无可奈何,不置可否。对于这种有争议的广告,简单地采用法律手段可能无济于事,也只能用道德的标准去评判、制约。

5. 不正当比较广告

戴尔股份有限公司曾投放过一则广告,内容讲述的是售货员向消费者卖出一支冰激凌,中间被另一个人拿去舔了一口才递给消费者,以此影射联想控股股份有限公司的分销模式会收取消费者更多费用,意在比照出戴尔自身直销方式的优势。再如,美国惠普公司对外声称只有惠普才是"正宗美国货",广告语是"连(联)想,都不用想",几乎直接对联想品牌发动口水战和消耗战。这两则广告没有根据地指责竞争对手的产品和服务的缺陷,显然属于不正当竞争的广告,戴尔和惠普也因此面临被起诉的危机。这种不正当的比较广告破坏了市场经济公平竞争的氛围,会造成不良的社会影响。

6. 与民族文化相冲突的广告

道德规范是具有民族性的,不同地区、不同国家和民族都有不同的文化背景和特征,不同的地区、民族所体现的文化特征、风俗习惯、价值观念都会有差异,广告就要尊重这种差异。不了解或者不尊重这种差异,广告就可能会伤害播出区域公众的民族感情。

有的禁忌是具有普遍性的,但有的禁忌是不同文化背景所特有的,相同的事物在不同文化背景下甚至会有相反的看法。以菊花为例,菊花在中国,自古以来是为大众所传诵偏爱的;而菊花在意大利,却是哀伤、不吉祥的代表。从尊重社会的风俗习惯的角度出发,广告采取不同的策略回避道德禁忌才是可取的。

《国际广告》杂志曾经刊登了一则名叫"龙篇"的立邦漆广告作品,画面上有一个中国古典式的亭子,亭子的两根立柱上各盘着一条龙:左立柱色彩暗淡,但龙紧紧攀附在柱子上;右立柱色彩光鲜,龙却跌落到地上。画面旁附有对作品的介绍,大致内容是:右立柱因为涂抹了立邦漆,使盘龙都滑了下来。这则广告引起了中国民众的强烈愤慨。龙的地位在中国人的心中是至高无上的。在中国的传统文化中,龙被赋予了特殊的含义,是民族精神的象征。然而这则广告无视中国传统文化,使象征中华民族的龙掉落在地上,这让每一个国人都难以接受。该广告的设计公司针对公众的反应表示"始料未及,深感遗憾"。如果排除恶意因素,这家广告公司显然是对中华民族的文化缺乏了解才会使如此不妥的广告内容出现在杂志上。

同样,日本索尼公司曾在泰国做过一次失败的电视广告,广告画面是一个和尚抱着索尼牌录音机又跳又唱。广告播出后引起了很大的反响。由于泰国是一个信奉佛教的国家,把佛教作为国教。泰国人民认为这则广告实质上亵渎了国教,纷纷抗议日本索尼产品。

另外,由于某些动物、植物、天体等给人以消极暗示,公众不仅忌讳这些实物,而且还忌讳它们预定的广告目标。例如,在我国大部分地区,人们都忌讳乌鸦,自然对其具象和抽象图案也没有好感。还有一些数字,其本身没有贵贱,只因它们与普通话(或汉语方言)发音相同或者相近,因而在商业活动中显现出了不同的商业价值。如"8(发)"和"9(久)"的号码被开出天价,"4(死)""3(散)""7(气)"无人问津。这种现象与其片面地说是一种迷信,倒不如说是一种语言运用与实际生活紧密结合起来的特殊文化。

实际上,不同的社会文化本身就产生了不同的道德标准。广告若严重背离了道德标准,不仅会导致失败,而且会引起尖锐的社会矛盾。

7. 污染视听的广告

有的广告故弄玄虚,以调侃的语气肆意曲解和篡改他们所能想到的成语、俗语、诗词,如蚊香广告中用"默默无蚊(闻)"、酒的广告用"天尝(长)地酒(久)"、摩托车广告用"骑(其)乐无穷"、热水器广告用"随心所浴(欲)",以至弄得一些语言学家深感忧虑,也让家长和中小学教师格外费力:似是而非的东西混淆了人们的视听,造成了语汇和词法的紊乱。再如"泡妞"这个广告词,乍一看就让人吓一跳,但它却是一则食品广告中的用语。"玩美女人"灯箱广告官司也引起了社会广泛唾弃。"清嘴"的广告也曾引起人们的争议。一辆吞云吐雾的公共汽车的尾部,一个瞪大了眼睛的漂亮女孩撅起嘴,对着路人发出一句广告语:"你知道清嘴的味道吗?清嘴含片,清嘴实际上是清爽滋润你的嘴。"但更多的人认为

"清嘴"更像是"亲嘴"。

针对这种缺乏道德观的广告,由于其创意污染视听环境,文字和画面内容不利于社会良好风尚的形成,应该受到行政执法部门的处罚,或被明确要求改正。事实上这类广告是很难吸引、打动、说服受众,让消费者真正满意的,更不要说帮助广告主在市场上立足,这一切失败造成的成本最后必然会由广告商自己来承担。

8. 特殊人群广告

广告宣传中另一需要注意的禁忌是性别歧视。广告中的性别歧视现象长期存在,特别是对女性的歧视。现代社会中的妇女早已摆脱夫权至上的依附者形象,她们享受与男人平等的权利,并已在各个社会领域中担起重任。然而在涉及家庭厨房用品类广告时,几乎清一色地选用女性来扮演各类使用者角色:广告中的妇女或辛苦地搓着大堆的脏衣服,或在为如何清洗抽油烟机而伤神,等等。好像女性是这些产品的唯一使用者。这种广告把女性定位于只是整日围着锅台转的家庭妇女,明显带有性别歧视的成分。还有,比较典型的减肥产品广告倡导的女性以瘦为美的审美倾向就如发起了新时代的"缠足"运动。

《广告法》有明确规定,广告不得有"含有民族、种族、宗教、性别歧视的内容"。如"兄弟如手足,太太是衣服"(某T恤衫广告)、"××洗衣机,你真好,就像一个好老婆"。这些广告如此赤裸裸地把女人比作商品,极大地蔑视和侮辱了女性,侵犯了女性最起码的人格尊严。所以,各种有性别歧视嫌疑的广告都有违基本的道德和国家的有关法律、法规,是各类广告商必须注意的一个问题。

9. 恶俗创意广告

广告的目的是要促使人们按照广告主的意图去思考或行动,无论这种意图是高尚的还是唯利是图的。

在一本旅行杂志中,有大众Tiguan(轿车品牌)插页广告,用无视交通规则表现"从不需要借口"这样的创意主题,实在是不妥。恒源祥集团有限公司有一则极具争议的广告。一个男声说道:"恒——源——祥!北京奥运会赞助商!"接着一个童声叫道:"鼠——鼠——鼠!"同时,画面上跳出几只小老鼠。不要以为广告结束了。下面是:"恒——源——祥!北京奥运会赞助商!牛——牛——牛。"接着画面上再跑出几头牛。如此反复,一直到"猪——猪——猪"结束,历时1分钟。有人认为,这是后现代解构广告,让众生不知所云:听到"鼠——鼠——鼠"后,还以为是创新;可看到后来,以为是电视机"卡带"了——怎么会来回重播这么多次?再后来甚至以为电视出问题了;当最后"猪——猪——猪"结束后,让人"有撞墙的冲动"。其实,从经济学的角度来看,这种广告是对社会资源的极大浪费,一句话重复十二遍,广告费用也翻了十二倍,同时这也的确是在考验受众的耐心。所以说,大多不道德的广告从本质上讲是对受众缺乏尊重的表现,也是对社会资源的极大浪费。

第二节　广告道德规范的主体与原则

只要市场经济存在，道德问题就不可避免，因为广告市场的主体都是自私、理性的"经济人"。一般而言，由于不确定的、不完全的或者限制的合同使负有责任的经济行为者不能承担全部损失（或利益），因而他们不承受其行动的全部后果。同样也不享有行动的所有好处。在这种情况下，如果没有约束或约束不严，人们都有为了自身利益而不惜违反道德原则的倾向，这就易于引发道德风险。

总之，在市场中，活动的经济主体必然会按照"经济人"的原则行事。在追求自身利益最大化动机的驱动下，经济主体多有借助于不正当手段谋取自身利益的行为倾向。"当人们觉得，由于他们所欺骗的人不知情或难以察觉，他们能机会主义地行事而不受惩罚时，就会沦入道德风险。"[1]

一、广告主体的道德规范

（一）广告主的道德规范

在广告活动中，广告信息完全被广告主掌握。在利益的驱动下，广告主凭借自己对信息的掌握，将对自己有利的信息完全披露给广告受众，而将对自己不利但是对消费者有利的信息则尽可能地不披露。因而，广告主在选择广告时，总是把广告视为片面的信息传递方式，在广告宣传中自然是多说好话或只说好话。从法律的角度看，广告并没有越轨；但从道德评价的角度看，明显是有违善的标准的。例如，一些减肥药的广告仅仅宣扬其出色的效果却不告诉消费者其产品的真实成分，不仅侵害了消费者的经济利益，也使消费者的健康受到了损害。

广告主的广告行为选择对广告活动有着决定性的影响。他们必须对广告内容、表现形式、运作行为以及其他相关行为负责，承担道德责任。虽然首要责任由广告主承担，但并非所有的责任都由他们承担。

《广告活动道德规范》中规定了广告主在广告活动中应当做到以下几点：

第一，广告主应当自觉维护消费者的合法权益，本着诚实信用的原则，真实科学地介绍自己的产品和服务。

第二，广告主应当自觉遵守国家广告管理法律、法规及其他有关规定，与其他广告主进行公平、正当的竞争，不得用不正当的方式和途径干扰、损害他人合法的广告活动。

第三，广告主发布商业广告，应当自觉遵守和维护公共秩序和社会良好风尚，不应以

---

[1]　柯武刚、史漫飞：《制度经济学：社会秩序与公共政策》（第一版），韩朝华译，北京：商务印书馆2000年版，第78页。

哗众取宠、故弄玄虚、低级趣味等方式,片面追求广告的感官刺激和轰动效应,对社会造成不良影响。

第四,广告主应当按照国家有关规定,积极参加各公益事业,响应政府主管部门的号召,参与公益广告活动,树立良好的企业形象。

第五,广告主应当在国家法律、法规的规范内,按照市场经济规律,根据服务质量,选择广告经营者的服务,自觉抵制各种损害企业利益的人情、关系广告业务。

第六,广告主实行广告服务招标,应当尊重投标者的劳动成果,自觉履行招标承诺,自觉抵制和纠正以虚假招标方式引诱投标者投标,以及窃用投标者的广告策划和创意的不公平交易行为。

第七,广告主应当自觉抵制和纠正下列不正当的广告宣传:

(1) 依据科学上没有定论的结论来否定他人的产品和服务,借以突出自己的产品和服务;

(2) 片面宣传或夸大同类产品或服务的某种缺陷,以对比、联想等方式影射他人;

(3) 未经有关部门认定假冒商标的情况下,在各种声明、启事中涉及他人的商标;

(4) 擅自使用他人知名商品和服务标志作为陪衬宣传自己的产品和服务,不正当地利用和享用他人的商品声誉和商业信誉;

(5) 使用不规范的行业用语或消费者无法熟知的专业术语表示商品的质量、制作成分、性能、用途、产地以及采用的技术、设备等;

(6) 使用含糊不明,易使消费者产生歧义的承诺;

(7) 使用不合法、不科学、不公正的评比结果和奖项;

(8) 采用隐去主要事实、断章取义、偷换概念的手法使用有关数据、统计资料、调查结果、文摘和引用语,误导消费者。

(二) 广告经营者的道德规范

广告经营者是广告主和广告发布者之间的桥梁,是广告活动的重要主体之一,其广告行为选择对广告活动的影响至关重要。他们为广告主出谋划策,对有关广告制作方面的建议通常为广告主所接受。由于他们经常和广告客户保持亲密的工作关系,因此他们通常知道广告内容是否具有真实性、广告形象是否合乎道德、广告是否具有误导性。广告经营者为了追求商业利润,在广告中对其商品或服务进行不实宣传以及虚假广告的事件屡有发生,于是就产生了自身的道德问题。

目前,我国广告诚信危机严重。也正是因为长期的历史和现实原因,导致了我国没有形成一套完善的广告信用制度来约束广告经营者的行为,使得广告经营者在违规时,没有相关的制度规定其要承担相应的违规责任,这就增加了违规的概率,促使了道德问题的增加。

《广告活动道德规范》中规定了广告经营者在广告活动中应当做到以下要求:

第一,广告经营者在广告创意、设计、制作中应当依照有关广告管理法律、法规的要求,运用恰当的艺术表现形式表达广告内容,避免怪诞、离奇等不符合社会主义精神文明要求的广告创意。

第二,广告经营者在广告创意中使用妇女和儿童形象应当正确恰当,有利于树立健康文明的女性形象,有利于维护未成年人的身心健康和培养儿童良好的思想品德。

第三,广告经营者在广告创作中应当坚持创新与借鉴相结合,继承中华民族优秀传统文化,汲取其他国家和地区广告创作经验,自觉抵制和反对抄袭他人作品的行为。

第四,广告经营者为同类产品广告主同时或先后提供广告代理服务,应当保守各广告主的商业秘密,不得为自身业务发展的需要泄漏广告主的商业秘密。

第五,广告经营者应当注重广告在社会主义精神文明建设中的作用,坚持商业广告创意设计中的社会主义思想文化导向,积极参与公益广告活动,倡导正确的道德观念和社会风尚。

第六,广告经营者应当注重提高经营管理水平和服务质量,依靠不断提高服务质量和商业信誉与广告主建立稳定的业务关系,自觉抵制和纠正下列不正当竞争行为:

(1) 利用物质引诱或胁迫等不正当手段获取其他广告经营者的商业秘密;
(2) 采用给予广告主经办人好处或竞相压价等手段争夺广告客户;
(3) 采用暗中给予媒介经办人财物等不正当手段争取有利或紧俏的时间和版面。

对于广告经营者来说,按法律和道德的要求为广告主制作广告,这是最基本的要求。首先,他们有责任保证广告所传达的产品信息是真实的,对潜在的或显在的消费者不会产生误导。其次,他们有责任拒绝广告主为产品发布虚假信息或通过任何一种方法误导消费者的要求,并对这些不合理要求展开调查。这样做有可能使自己失去一个客户,但可能赢得更多的客户。再次,广告经营者应努力去说服那些提出不合理要求(撒谎、隐瞒、过分夸大等)的广告主;在不能说服的情况下,应放弃相应的广告业务,不参与这类广告活动。

(三)广告发布者的道德规范

在现代社会中,大量的广告都是通过大众传媒来进行传播的。广告发布者主要是指以广播电台、电视台、报纸、期刊等为主体的大众传媒为广告主或者广告主委托的广告经营者发布广告的自然人、法人或者其他组织。广告既是商品或服务经营者进行促销的重要手段,是广大消费者、用户进行商品或服务选择的重要依据,也是媒体的重要经济来源。

广告媒介作为广告信息的载体,在整个广告活动中所起的作用是至关重要的。广告发布者在通过大众媒体向广告受众传递广告信息的同时,也暴露在公众面前接受社会大众的监督。广告发布者必须和广告主一起肩负起对广告受众守信的责任,否则也可能面临相应的道德风险。广告发布者很关注自己发布广告的媒介的视听效率,但是如果媒介脱离大众,广告发布者不履行审查职责,刊载一些格调不高、虚假、让人生厌的广告,那么媒介就会在公众面前失信。

《广告活动道德规范》中规定广告发布者在广告活动中应当做到以下几点:

第一,广告发布者发布商业广告应当考虑民族传统、群众消费习惯以及广告受众的区别等社会因素,合理安排发布时段、版面,依照各类广告的发布标准和社会主义精神文明建设的要求,认真履行广告审查义务。

第二,广告发布者应当严格遵守国家关于禁止有偿新闻的有关规定,坚持正确的经营观念,杜绝新闻形式的广告。

第三,广告发布者应当严格执行国家有关广告服务价格的管理规定,根据媒介的发行量、收视率等科学依据制定合理的收费方法和收费标准。广告经营者采用招标等特殊方式确定广告价格的,招标方案和办法应当合法、公正,不得利用不正当手段哄抬广告服务价格。

第四,广告发布者应当自觉执行国家关于公益广告宣传的有关规定,发挥公益广告宣传社会主义精神文明的积极作用,促进社会主义精神文明建设,树立良好的社会道德风尚。

第五,广告发布者在经营活动中应当自觉抵制和纠正下列行为:

(1)以不正当理由拒绝广告经营者正常客户代理业务,并强制该广告经营者必须通过与其有特殊利益关系的代理公司进行代理;

(2)违背广告主、广告经营者的意愿搭售时间、版面或附加其他不合理的交易条件;

(3)对不同客户实行不同的收费标准,强制要求客户预付广告费,不按规定的标准返还代理费。

(四)参与广告活动的各类市场中介机构的道德规范

《广告活动道德规范》中规定各类市场中介机构在参与广告活动中应当做到如下几点:

第一,从事各类广告出证活动的社会团体和商业调查、技术检测、标志认证等市场中介机构,必须具备合法资格。其广告出证行为必须遵循诚实信用原则,出证内容必须真实、合法,不得助长不正当竞争和不公平交易行为。

第二,各类市场中介机构以广告形式公布其推荐、介绍、调查、检测、认证结果的,应将其从事该项活动的依据,采用的方法、方式等向社会公布,自觉接受社会监督。

第三,各类市场中介机构应当保证广告出证行为的客观、公正性,自觉抵制和纠正以牟利为主要目的的广告出证活动,杜绝以收费多少排名、排序,并用于广告误导消费者的现象。

(五)广告代言人的道德规范

广告代言人包括名人、专家、普通人等。广告主、广告代理公司经常请名人、专家代言广告,利用他们对公众的影响力和权威来影响公众的购买行为。而许多名人、专家则滥用公众的信任,代言一些虚假、夸大、格调低下、没有责任感的广告,致使消费者作出错误的购买行为,导致其利益受损。

为了保护消费者的利益,不少国家对名人代言广告作出了严格的规定。美国联邦贸易委员会规定,利用名人作证言式广告,必须有事实根据;其一,名人广告中证言人要如实反映自己的意见和经验;其二,如果名人被描绘成产品的使用者,那么在广告播出期间,这位名人应一直都是该产品的使用者。

在国际广告业中,通常的证言式专家广告也要满足三个条件:其一,展示的商品性能和质量应为证言人所真正掌握;其二,证言式广告所描述的产品特征是一般消费者可以掌握的;其三,专家必须真正使用过该产品,否则应准确表达其结论。

选用普通证言人做广告,也隐藏着一些道德问题,那就是:这些"普通人"是真的消费者吗?他们真的使用过该产品吗?他们的证言能代表一种典型的消费者经验而不是他们个别的意见吗?这些问题在广告业发达的美国已受到重视,美国规定:普通证言人应该是真正的消费者,而不是演员,否则其演员身份、付费演出等事实应明确告知消费者。

当与广告相关联的每一个组织、每一个团体、每一个人都充分认识到自己的道德责任并努力去承担自己的道德责任时,一个健康的广告市场就会形成,一种健康文明的广告文化才会繁荣和得到发展。

二、广告道德规范原则

（一）诚信原则

诚实守信是中国传统道德的重要内容之一,也是广告道德规范的首要原则。进入商品经济时代后,诚信原则更受重视,在经济交往中被视为"帝王规则",被当作衡量商家信誉的基本条件之一。

广告是企业对自身产品或劳务的推介,直接反映了企业的经营理念和企业文化。只有真实地反映企业本来面貌的广告才是有生命力的广告,这样的企业也才是一个有生命力的企业。广告要取信于人,就必须以真实的信息去打动人,去影响消费者。传达诚实可信的信息是广告活动中最基本的道德规范。

美国的大卫·奥格威在《一个广告人的自白》中总结了创作高水平广告的十一条规律,其中"讲事实"是最根本的一条。他认为,消费者对事实感兴趣,需要广告者给他们提供全部的真实信息。经营者通过广告弄虚作假或许能暂时蒙蔽消费者,给企业带来暂时的利益。但假象一旦被揭穿,企业便马上会信誉扫地,从根本上丧失市场。所以,广告立法、广告行业自律规范毫不例外地都将广告的真实性视为首要的原则。《国际商业广告从业准则》中也规定:"广告只应陈述真理,不应虚伪或利用双关语及缩略语之手法,以歪曲事实。广告不应含有夸大的宣传,致使顾客在购买后有受骗及失望之感。"

几年前,著名小品演员×××给北极绒保暖内衣代言了一个广告。在－42℃的冰块中,×××仅穿一套北极绒保暖内衣,居然精神抖擞,容光焕发。连外星人都感到惊讶:"地球人怎么不怕冷?"×××骄傲地竖起大拇指:"怕冷就穿北极绒!"可是,内蒙古自治区的陈先生穿了北极绒保暖内衣,气温还不到0℃就已冷得直打哆嗦。陈先生一气之下跑到上海,狠狠地打了一场官司。这种过分虚夸的广告使满怀希望的消费者重重地跌入失望的低谷。发布这样的广告的广告主体是否违背了广告道德的要求了呢?不言而喻。

（二）健康原则

在我国,广告从内容到形式,必须有益于社会主义精神文明建设,必须体现社会道德要求和中华民族的传统美德,具有富于积极意义的文化精神;必须承担起应尽的社会责任与义务,把高尚的社会风尚和美好的道德追求同正当的物质利益追求有机结合起来。广告的内容要健康,这就意味着要有益于社会生活中正确的人生观、价值观的形成与确立。

现代广告发展的新趋势是对"美"的重视,即着重从美学角度,而不是首先从推销商品的功利角度来制作广告。这样的广告以优美的形象、意境去吸引消费者,感染消费者,使消费者产生美感,进而使消费者不知不觉地把广告产品与"美感"联系起来,然后心甘情愿地去购买这种产品。

(三) 公平竞争原则

竞争是商品生产者为争取有利的产销条件而进行的角逐。它是市场经济发展的必然产物,也是市场经济的根本法则。在广告活动中,公平竞争主要体现为广告的宣传应当遵守法规、法令和市场经济的基本规律。要求广告人以公正、平等的竞争观念指导自己的广告实践活动,反对不公平、不正当竞争的广告。不应在广告中有贬损其他产品的语言和画面,不允许过度地自我夸耀,如自诩最优、自封第一等。不允许用不正当和不公平的手段来引诱消费者。广告的公平竞争要避免那种利用自己的特殊地位或身份以强欺弱、以大压小,或限制、干涉其他广告经营活动的不正当行为。

第三节 广告道德规范的现实意义

广告道德是人类社会生活所特有的现象,它产生于社会实践,又被一定时期的社会经济关系所决定。它涉及善恶是非的方方面面,在社会生活中的作用要比法律、法规约束的范围广泛得多。例如,广告欺骗属于不道德的行为,但在现实生活中这种现象的表现形式很多,危害程度也各不相同,而只有触犯了法律的行为才会受到制裁,大部分未触犯法律的则只会受到社会舆论的谴责。因此,在广告的宏观管理中,广告的伦理道德管理也是很重要的一个方面。广告法律管理与伦理道德管理是相互配合、相互补充、相互渗透、相互促进的,在广告宏观管理中都是不可或缺的。总之,广告伦理道德在广告管理过程、广告管理体制、广告改革和社会道德以及广告人职业道德体系中,都有着重要的地位和作用。

一、广告道德规范的重要性

1. 广告道德是广告管理体制的重要方面

广告道德虽然不属于机构设置、职权划分管理的范畴,但它属于广告运行制度、运行机制和广告管理方式的范围。

广告管理学形成于现代西方国家。西方国家多数没有德治传统,只有法治特征。因此在理论的概括上,不能不反映这些国家的广告管理的特点。但是近些年来,西方各国也越来越重视道德的作用,把广告人员的职业道德作为广告法规的重要内容。

广告道德与广告法规同属行为规范的范畴,两者都可以调节人们之间的关系,保持必要的社会秩序,但道德与法律的作用方式有明显的不同:法律是以强制手段起作用;道德以善恶、荣辱、美丑观念为标准,通过社会舆论、内心观念和传统习惯起作用。道德是人类生活中一种不成文的法律,虽不是强制手段,但约束力很强,规定着人们对社会、他人应承担的责任与义务。社会舆论是人类社会生活中的"道德法庭":道德高尚的行为会受到全社会的称赞和尊敬,不道德的行为则会受到社会舆论这个"道德法庭"的"公诉"和谴责。社会舆论对不道德广告行为的谴责而引起的后果,对企业来说往往是致命的。因而,大量的广告道德问题还需要依靠社会舆论的力量来调整解决。

广告道德和广告法规的作用是互相促进、互相配合、相互补充和相互渗透的。道德在社会生活中的作用要比法律广泛得多,而法律在社会生活中比道德具有更直接的作用。因而在广告管理中,不仅要依靠法律的力量,而且很大部分还要依靠道德的约束,进行广告道德监督,以形成巨大的社会力量来调整和解决广告活动中的不道德广告行为。

从现代的广告管理来看,广告道德和广告制度有着密切的联系。各项广告制度既是全部广告管理的基础,也是广告道德建设的基础。而广告道德的优劣,又促进或阻碍广告制度的巩固和发展。这两个方面相互联系,相互制约,相互促进。

就实现广告职能、广告任务或指标的过程来说,广告制度是政治基础、政治保证,广告道德是思想基础、思想保证。广告制度,人们必须遵守,不得违反,否则就要受到处罚:轻则纪律处分,重则法律制裁。从这个意义上说,广告制度和广告法规一样,都是实行广告管理、完成广告任务的强制措施和手段,靠强制力量来推行。广告道德则是人们自觉的因素和内在动力,靠说服教育去实施。两者相互配合,不能互相代替。

可见,广告道德是广告运行机制、广告管理方式的重要内容,因而是广告管理体制的重要方面。

2. 广告道德决定了我国广告体制的特点

建立具有中国特色的广告管理体制是大家的共同愿望。但这个"特色"是什么,大家看法不一,正在深入研究和探索。我们认为,加强广告法规建设和广告道德建设,并逐步实现其规范化、科学化,应该成为我国广告管理体制的一个特点,这就是法治和德治相结合的广告管理体制。

从理论上看,广告法治作为强制措施和手段,只能昭示人们哪些事情可以做,哪些事情不可以做,哪些行为是合乎法律的、允许的,哪些行为是违法的、不允许的。但它不能调动人们内心世界的道德观念、法纪观念去战胜非道德、非法纪的观念,从而使人们自觉遵守道德规范和广告法纪。就是说,如果只有广告立法和制度建设,而无广告道德建设,广告从业人员没有善恶、美丑等道德观念,那么广告法律、制度再好,却不遵守,也不能使之发挥应有的效力,甚至使其成为一纸空文。因此,只注意广告道德建设,忽视或放弃广告法治建设是片面的;相反,只注意法治建设,忽视或放弃广告道德建设,也是片面的。两者应该并重,紧密结合。

广告管理和广告法规的实践反复证明,应该把广告法制建设和广告道德建设结合起来。

3. 广告道德具有调节作用

调节作用是广告道德的首要作用。广告道德的调节是指以善恶为评判标准,通过评价、命令、劝阻、指导、教育等方式,协调广告活动中各主体要素间的关系。在广告活动中形成的各种关系中,利益关系是最主要的关系。因此,广告道德的调节主要是对利益关系的调节。

在社会主义市场经济条件下,各商家和企业为了生存和发展,展开了激烈的竞争。竞争的手段之一就是广告,而广告业自身也存在竞争。竞争是一种经济行为,但同时也应该是一种道德行为。如果竞争是不道德的,那么竞争最终将会不存在,取而代之的就是垄断。这与市场经济的性质不相符,因为市场经济最本质的特征之一就是竞争性。为了促进社会主义市场经济的健康发展,必须使竞争合乎道德。广告道德就是运用道德的调节作用调节广告活动与广告行为,要求广告主(商品生产者和经营者)诚实守信、公平竞争,不做虚假广告,不搞有偿新闻,不贬损、不诋毁其他同类产品,不欺骗、不误导消费者,以免造成对消费者的侵害。也要求广告主不要片面追求私利而忽视他人利益和社会利益,防止媚俗低劣、性别歧视、忽视生态道德等不道德广告产生,以免产生广告污染及广告垃圾,污染社会人文环境,破坏社会主义精神文明建设。

也就是说,广告道德对利益的调节就是"要求广告各主体要素在为消费者服务中实现自身的合法利益,体现对社会负责、为消费者服务的价值观和道德观,肯定其追求功利价值的合理性,并不限制其对最大利益的追求,而是要求用符合道德规范的方式获取利益,反对以非道德或反道德的方式谋取利益"[①]。

4. 广告道德具有评价作用

评价作用是广告道德的基本作用。广告道德的评价作用是指广告道德具有对广告行为作出善恶价值判断和持有褒贬态度的作用,包括自我评价和社会评价。通过自我评价和社会评价,就会形成两种巨大的驱动力:一种是内驱力,即内在的理想和信念;另一种是外驱力,即外在的舆论压力。这两种驱动力结合在一起,就会使广告道德的评价作用成为调节作用的极为重要的杠杆,最终达到调节广告行为符合道德要求的目的。

广告道德评价是广告道德准则和价值观念权威性的维护者和捍卫者,它借助社会舆论去甄别是非、区分善恶,将社会认同和提倡的行为模式传递给广告主体,造成一种特殊的善恶分明的氛围。对那些只图一己私利、损害他人和社会利益的不道德的广告行为进行谴责,形成强大的外在的精神压力,使广告主体不得不在广告制作、发布、传播、管理的过程中,注意自身的行为,形成相应的道德认识,从而进行道德调节。同时,它对那些注重社会和他人利益的广告行为进行赞赏,调动人的荣誉感和良知、良心,形成良好的社会环境和优良的社会风气,形成共同的道德理念和道德责任感,使广告活动在道德规范和原则内进行。

例如,新飞冰箱广告曾以"广告做得好,不如新飞冰箱好"为广告语,模糊的表意可以任人理解。当它受到社会的指责,认为其有不公平竞争和贬低他人产品的倾向时,便不得不加以修正。"新飞广告做得好,不如新飞冰箱好",其表意的内涵丰富性及语言的简洁有力虽远不及前者,但却符合广告道德,因而赢得了积极评价。

5. 广告道德具有教育功能

教育作用是广告道德的重要作用,这一点也是不容忽视的。广告道德的教育作用是指广告道德通过评价、激励等方式,造成社会舆论谴责恶行、赞赏善行,从而达到对广告主

---

① 张金花、王新明:《广告道德研究》,北京:中国物价出版社2003年版,第26~27页。

体的道德教化、塑造广告道德人格的目的。广告道德的教育作用主要是通过广告道德认识和评价广告行为善恶、奖罚褒贬分明而发挥出来的。通过正反两方面的"教材"进行正面教育和反面教育，扬善抑恶、祛邪扶正，有助于广告主体的自控精神的形成和道德信念、道德良心的确立，促使从"他律"向"自律"的转化，促进广告道德人格的塑造，保障广告活动健康、有序、优质、高效地运行，例如公益广告。那些创意新颖、形式活泼的公益广告所蕴含的社会文化价值观念，对受众的道德观、价值观产生了潜移默化的影响。良好的广告还可以帮助消费者树立正确的道德观、人生观，培养人们的精神文明习惯，并且给消费者提供科学技术方面的知识，陶冶人们的情操。

6. 广告道德具有约束规范作用

广告道德的约束规范作用是广告道德的终极作用，也是广告道德所要达到的最终目的。广告道德的约束规范作用是指广告道德为广告活动提供原则、规范，通过评价、教育、调节等方式促进广告主体自觉遵守广告道德原则和规范的作用。它实际上是一个由不自觉到自觉、由他律到自律、由外控到自控、由被动到主动的过程。

正确的社会舆论、分明的奖赏惩罚、潜移默化的思想教育，使广告从业人员形成了富有时代性的善恶美丑评判标准、羞耻荣誉心理、道德信念、道德品质，使他们主动匡邪扶正、扬善抑恶、坚持正义。特别是在荣誉羞耻心理的作用下，人们会主动趋美避丑、趋善避恶、趋是避非，严格要求和约束规范自己的行为。而且，人们往往担心荣誉的受损。对荣誉受损的担心可以促使人们发展自己的某种能力和品质，也可以使人们检点和约束规范有可能导致荣誉受损的行为。在荣誉的激励下，广告从业人员会增强自信和热情，为做得更好而再接再厉。这样，他们就非常心甘情愿、自主自觉地约束和规范自己的行为，遵循广告道德原则。而那些违背原则的广告从业人员受到社会舆论的强烈谴责，产生羞耻心理，为了保住或者挽回荣誉，不得不进行道德的自我调控，以广告道德原则来约束和规范自己的行为，从而使广告活动、广告行为规范化。

二、广告道德建设的现实意义

《公民道德建设实施纲要》中明确地把广告和道德建设联系在一起，并提出严格的要求："各种类型的商业性广告，要注意文化艺术品位，不得出现有损道德、有伤风化的内容。要大力提倡各种形式的社会公益广告，净化人们心灵，优化人文环境。"广告道德在广告管理中的重要地位，决定了加强广告道德建设的意义。

广告道德建设是提高广告效率的重要保证。广告效率的提高，归根到底依赖于广告功能的有效发挥和广告组织的协调运转。而广告组织的协调运转，起着决定性的作用。广告道德能够调整个人之间、个人和广告组织之间、广告组织与广告组织之间的关系，规范人们的行为，能使广告系统内部各部分协调配合、互相支持、尽职尽责，这样整个广告系统便处在协调运转的状态。因而，加强广告道德建设，就能保持广告组织的持续协调运转，保证广告功能的有效发挥和广告效率的提高。

广告道德建设是促进行业风气好转的保证。广告人员的思想道德素质，必然表现为广告从业人员的行为，形成一定的广告道德风尚。近些年来，我国某些广告从业人员中的不正之风盛行:虚假广告到处泛滥,行贿受贿问题屡禁不止,化公为私、损公肥私的现象不断发生。这些问题甚至发展到法难责众的地步:处罚轻了,不解决问题,刹不住不正之风;处罚重了,打击面过宽,影响社会安定。所以,加强广告道德建设,提高广告人员的思想觉悟和道德水平,是转变广告行业风气的关键。

　　广告道德建设是建立、健全广告秩序的重要保证。社会主义社会中的广告除了注重经济效益外,还十分强调社会效益。一切广告活动,既要有利于物质文明建设,又要有利于社会主义精神文明建设。一切剥削阶级的道德观念和传统的产品经济观念都是良好的广告秩序建立、健全的障碍,都应加以排除。而价值观念、竞争观念、效益观念、平等观念和法治观念应该大力提倡。只有树立公正平等、信用文明等新的道德风尚,才能使广告活动做到真、善、美的统一。

思考·案例·练习

1. 怎样从广告道德的角度去规范证言式广告?
2. 广告道德规范的原则是什么?
3. 对恶俗广告应该怎样进行管理?
4. 广告道德管理的重要性有哪些?
5. 案例与讨论。

"玩美女人"的广告引发道德争议

　　2001年3月,全台资企业思薇尔(南海)服装有限公司委托地铁广告公司在4个站点发布"玩美女人"的广告。8月,广州市工商行政管理局黄浦区分局(以下简称黄浦分局)以此广告内容违反《广告法》"妨碍社会公共秩序和违背社会良好风尚"的条款为由,对思薇尔(南海)服装有限公司作出行政处罚,责令其停止发布广告,公开更正,并罚款20多万元(相当于该广告制作和发布费用)。对此,思薇尔(南海)服装有限公司表示不服,认为广告创意新颖健康,引起误解只因人们对文字理解的差异而已,并以黄浦分局认定事实含糊不清、适用法律不当起诉至黄浦区人民法院。

　　在法庭审理中,双方针对"玩美女人"的含义,展开了激烈的争辩。思薇尔(南海)服装有限公司称,单一个"玩"字,就有玩股票、玩车、玩电脑、玩深沉等各种"玩"法,不是一个"玩弄"所能涵盖,"玩美女人"中的"玩"就有"做""追求""崇尚"的意思,可以理解为"追求崇尚美好的女人",绝非有些人想象的那么庸俗;现代汉语词组多双音节,如果硬要念为"玩——美女人"就很拗口,"美女人"一词也不符合日常用语习惯,如此理解纯属牵强附会。

　　黄浦分局提出反驳:广告内容是否合法,其判断权并不在广告主;广告所造成的影响是一种客观事实,广告主自己对广告的理解不能强加于广告受众;如果没有这则存在歧义的广告,就不会造成别人的误解。

除对"玩美女人"的争议之外,思薇尔(南海)服装有限公司还提出这则广告实际只发布了几天,而黄浦分局却依据其广告发布委托合同上"1至5个月不等"的发布期限作出巨额处罚,亦属不当。

讨论:"玩美女人"的争辩只是文字游戏吗?你是否认同广告主思薇尔(南海)服装有限公司"玩美女人"广告的创意?如果你是思薇尔(南海)服装有限公司主要负责人,你是否会接受黄浦分局作出的行政处罚?

附录一　中华人民共和国广告法

中华人民共和国广告法

(1994年10月27日第八届全国人民代表大会常务委员会第十次会议通过,2015年4月24日第十二届全国人民代表大会常务委员会第十四次会议修订,2015年9月1日起施行)

第一章　总　则

第一条　为了规范广告活动,保护消费者的合法权益,促进广告业的健康发展,维护社会经济秩序,制定本法。

第二条　在中华人民共和国境内,商品经营者或者服务提供者通过一定媒介和形式直接或者间接地介绍自己所推销的商品或者服务的商业广告活动,适用本法。

本法所称广告主,是指为推销商品或者服务,自行或者委托他人设计、制作、发布广告的自然人、法人或者其他组织。

本法所称广告经营者,是指接受委托提供广告设计、制作、代理服务的自然人、法人或者其他组织。

本法所称广告发布者,是指为广告主或者广告主委托的广告经营者发布广告的自然人、法人或者其他组织。

本法所称广告代言人,是指广告主以外的,在广告中以自己的名义或者形象对商品、服务作推荐、证明的自然人、法人或者其他组织。

第三条　广告应当真实、合法,以健康的表现形式表达广告内容,符合社会主义精神文明建设和弘扬中华民族优秀传统文化的要求。

第四条　广告不得含有虚假或者引人误解的内容,不得欺骗、误导消费者。

广告主应当对广告内容的真实性负责。

第五条　广告主、广告经营者、广告发布者从事广告活动,应当遵守法律、法规,诚实信用,公平竞争。

第六条　国务院工商行政管理部门主管全国的广告监督管理工作,国务院有关部门在各自的职责范围内负责广告管理相关工作。

县级以上地方工商行政管理部门主管本行政区域的广告监督管理工作,县级以上地方人民政府有关部门在各自的职责范围内负责广告管理相关工作。

第七条　广告行业组织依照法律、法规和章程的规定,制定行业规范,加强行业自律,促进行业发展,引导会员依法从事广告活动,推动广告行业诚信建设。

第二章 广告内容准则

第八条 广告中对商品的性能、功能、产地、用途、质量、成分、价格、生产者、有效期限、允诺等或者对服务的内容、提供者、形式、质量、价格、允诺等有表示的,应当准确、清楚、明白。

广告中表明推销的商品或者服务附带赠送的,应当明示所附带赠送商品或者服务的品种、规格、数量、期限和方式。

法律、行政法规规定广告中应当明示的内容,应当显著、清晰表示。

第九条 广告不得有下列情形:

(一)使用或者变相使用中华人民共和国的国旗、国歌、国徽,军旗、军歌、军徽;
(二)使用或者变相使用国家机关、国家机关工作人员的名义或者形象;
(三)使用"国家级""最高级""最佳"等用语;
(四)损害国家的尊严或者利益,泄露国家秘密;
(五)妨碍社会安定,损害社会公共利益;
(六)危害人身、财产安全,泄露个人隐私;
(七)妨碍社会公共秩序或者违背社会良好风尚;
(八)含有淫秽、色情、赌博、迷信、恐怖、暴力的内容;
(九)含有民族、种族、宗教、性别歧视的内容;
(十)妨碍环境、自然资源或者文化遗产保护;
(十一)法律、行政法规规定禁止的其他情形。

第十条 广告不得损害未成年人和残疾人的身心健康。

第十一条 广告内容涉及的事项需要取得行政许可的,应当与许可的内容相符合。

广告使用数据、统计资料、调查结果、文摘、引用语等引证内容的,应当真实、准确,并表明出处。引证内容有适用范围和有效期限的,应当明确表示。

第十二条 广告中涉及专利产品或者专利方法的,应当标明专利号和专利种类。

未取得专利权的,不得在广告中谎称取得专利权。

禁止使用未授予专利权的专利申请和已经终止、撤销、无效的专利做广告。

第十三条 广告不得贬低其他生产经营者的商品或者服务。

第十四条 广告应当具有可识别性,能够使消费者辨明其为广告。

大众传播媒介不得以新闻报道形式变相发布广告。通过大众传播媒介发布的广告应当显著标明"广告",与其他非广告信息相区别,不得使消费者产生误解。

广播电台、电视台发布广告,应当遵守国务院有关部门关于时长、方式的规定,并应当对广告时长作出明显提示。

第十五条 麻醉药品、精神药品、医疗用毒性药品、放射性药品等特殊药品,药品类易制毒化学品,以及戒毒治疗的药品、医疗器械和治疗方法,不得作广告。

前款规定以外的处方药,只能在国务院卫生行政部门和国务院药品监督管理部门共同指定的医学、药学专业刊物上做广告。

第十六条　医疗、药品、医疗器械广告不得含有下列内容：

（一）表示功效、安全性的断言或者保证；

（二）说明治愈率或者有效率；

（三）与其他药品、医疗器械的功效和安全性或者其他医疗机构比较；

（四）利用广告代言人作推荐、证明；

（五）法律、行政法规规定禁止的其他内容。

药品广告的内容不得与国务院药品监督管理部门批准的说明书不一致，并应当显著标明禁忌、不良反应。处方药广告应当显著标明"本广告仅供医学药学专业人士阅读"，非处方药广告应当显著标明"请按药品说明书或者在药师指导下购买和使用"。

推荐给个人自用的医疗器械的广告，应当显著标明"请仔细阅读产品说明书或者在医务人员的指导下购买和使用"。医疗器械产品注册证明文件中有禁忌内容、注意事项的，广告中应当显著标明"禁忌内容或者注意事项详见说明书"。

第十七条　除医疗、药品、医疗器械广告外，禁止其他任何广告涉及疾病治疗功能，并不得使用医疗用语或者易使推销的商品与药品、医疗器械相混淆的用语。

第十八条　保健食品广告不得含有下列内容：

（一）表示功效、安全性的断言或者保证；

（二）涉及疾病预防、治疗功能；

（三）声称或者暗示广告商品为保障健康所必需；

（四）与药品、其他保健食品进行比较；

（五）利用广告代言人作推荐、证明；

（六）法律、行政法规规定禁止的其他内容。

保健食品广告应当显著标明"本品不能代替药物"。

第十九条　广播电台、电视台、报刊音像出版单位、互联网信息服务提供者不得以介绍健康、养生知识等形式变相发布医疗、药品、医疗器械、保健食品广告。

第二十条　禁止在大众传播媒介或者公共场所发布声称全部或者部分替代母乳的婴儿乳制品、饮料和其他食品广告。

第二十一条　农药、兽药、饲料和饲料添加剂广告不得含有下列内容：

（一）表示功效、安全性的断言或者保证；

（二）利用科研单位、学术机构、技术推广机构、行业协会或者专业人士、用户的名义或者形象作推荐、证明；

（三）说明有效率；

（四）违反安全使用规程的文字、语言或者画面；

（五）法律、行政法规规定禁止的其他内容。

第二十二条　禁止在大众传播媒介或者公共场所、公共交通工具、户外发布烟草广告。禁止向未成年人发送任何形式的烟草广告。

禁止利用其他商品或者服务的广告、公益广告，宣传烟草制品名称、商标、包装、装潢以及类似内容。

烟草制品生产者或者销售者发布的迁址、更名、招聘等启事中，不得含有烟草制品名称、商标、包装、装潢以及类似内容。

第二十三条 酒类广告不得含有下列内容：

（一）诱导、怂恿饮酒或者宣传无节制饮酒；

（二）出现饮酒的动作；

（三）表现驾驶车、船、飞机等活动；

（四）明示或者暗示饮酒有消除紧张和焦虑、增加体力等功效。

第二十四条 教育、培训广告不得含有下列内容：

（一）对升学、通过考试、获得学位学历或者合格证书，或者对教育、培训的效果作出明示或者暗示的保证性承诺；

（二）明示或者暗示有相关考试机构或者其工作人员、考试命题人员参与教育、培训；

（三）利用科研单位、学术机构、教育机构、行业协会、专业人士、受益者的名义或者形象作推荐、证明。

第二十五条 招商等有投资回报预期的商品或者服务广告，应当对可能存在的风险以及风险责任承担有合理提示或者警示，并不得含有下列内容：

（一）对未来效果、收益或者与其相关的情况作出保证性承诺，明示或者暗示保本、无风险或者保收益等，国家另有规定的除外；

（二）利用学术机构、行业协会、专业人士、受益者的名义或者形象作推荐、证明。

第二十六条 房地产广告，房源信息应当真实，面积应当表明为建筑面积或者套内建筑面积，并不得含有下列内容：

（一）升值或者投资回报的承诺；

（二）以项目到达某一具体参照物的所需时间表示项目位置；

（三）违反国家有关价格管理的规定；

（四）对规划或者建设中的交通、商业、文化教育设施以及其他市政条件作误导宣传。

第二十七条 农作物种子、林木种子、草种子、种畜禽、水产苗种和种养殖广告关于品种名称、生产性能、生长量或者产量、品质、抗性、特殊使用价值、经济价值、适宜种植或者养殖的范围和条件等方面的表述应当真实、清楚、明白，并不得含有下列内容：

（一）作科学上无法验证的断言；

（二）表示功效的断言或者保证；

（三）对经济效益进行分析、预测或者作保证性承诺；

（四）利用科研单位、学术机构、技术推广机构、行业协会或者专业人士、用户的名义或者形象作推荐、证明。

第二十八条 广告以虚假或者引人误解的内容欺骗、误导消费者的，构成虚假广告。

广告有下列情形之一的，为虚假广告：

（一）商品或者服务不存在的；

（二）商品的性能、功能、产地、用途、质量、规格、成分、价格、生产者、有效期限、销售状况、曾获荣誉等信息，或者服务的内容、提供者、形式、质量、价格、销售状况、曾获荣誉等信息，以及与商品或者服务有关的允诺等信息与实际情况不符，对购买行为有实质性影响的；

（三）使用虚构、伪造或者无法验证的科研成果、统计资料、调查结果、文摘、引用语等信息作证明材料的；

（四）虚构使用商品或者接受服务的效果的；

（五）以虚假或者引人误解的内容欺骗、误导消费者的其他情形。

第三章　广告行为规范

第二十九条　广播电台、电视台、报刊出版单位从事广告发布业务的，应当设有专门从事广告业务的机构，配备必要的人员，具有与发布广告相适应的场所、设备，并向县级以上地方工商行政管理部门办理广告发布登记。

第三十条　广告主、广告经营者、广告发布者之间在广告活动中应当依法订立书面合同。

第三十一条　广告主、广告经营者、广告发布者不得在广告活动中进行任何形式的不正当竞争。

第三十二条　广告主委托设计、制作、发布广告，应当委托具有合法经营资格的广告经营者、广告发布者。

第三十三条　广告主或者广告经营者在广告中使用他人名义或者形象的，应当事先取得其书面同意；使用无民事行为能力人、限制民事行为能力人的名义或者形象的，应当事先取得其监护人的书面同意。

第三十四条　广告经营者、广告发布者应当按照国家有关规定，建立、健全广告业务的承接登记、审核、档案管理制度。

广告经营者、广告发布者依据法律、行政法规查验有关证明文件，核对广告内容。对内容不符或者证明文件不全的广告，广告经营者不得提供设计、制作、代理服务，广告发布者不得发布。

第三十五条　广告经营者、广告发布者应当公布其收费标准和收费办法。

第三十六条　广告发布者向广告主、广告经营者提供的覆盖率、收视率、点击率、发行量等资料应当真实。

第三十七条　法律、行政法规规定禁止生产、销售的产品或者提供的服务，以及禁止发布广告的商品或者服务，任何单位或者个人不得设计、制作、代理、发布广告。

第三十八条　广告代言人在广告中对商品、服务作推荐、证明，应当依据事实，符合本法和有关法律、行政法规规定，并不得为其未使用过的商品或者未接受过的服务作推荐、证明。

不得利用不满十周岁的未成年人作为广告代言人。

对在虚假广告中作推荐、证明受到行政处罚未满三年的自然人、法人或者其他组织，不得利用其作为广告代言人。

第三十九条　不得在中小学校、幼儿园内开展广告活动，不得利用中小学生和幼儿的教材、教辅材料、练习册、文具、教具、校服、校车等发布或者变相发布广告，但公益广告除外。

第四十条　在针对未成年人的大众传播媒介上不得发布医疗、药品、保健食品、医疗器械、化妆品、酒类、美容广告,以及不利于未成年人身心健康的网络游戏广告。

针对不满十四周岁的未成年人的商品或者服务的广告不得含有下列内容:

(一)劝诱其要求家长购买广告商品或者服务;

(二)可能引发其模仿不安全行为。

第四十一条　县级以上地方人民政府应当组织有关部门加强对利用户外场所、空间、设施等发布户外广告的监督管理,制定户外广告设置规划和安全要求。

户外广告的管理办法,由地方性法规、地方政府规章规定。

第四十二条　有下列情形之一的,不得设置户外广告:

(一)利用交通安全设施、交通标志的;

(二)影响市政公共设施、交通安全设施、交通标志、消防设施、消防安全标志使用的;

(三)妨碍生产或者人民生活,损害市容市貌的;

(四)在国家机关、文物保护单位、风景名胜区等的建筑控制地带,或者县级以上地方人民政府禁止设置户外广告的区域设置的。

第四十三条　任何单位或者个人未经当事人同意或者请求,不得向其住宅、交通工具等发送广告,也不得以电子信息方式向其发送广告。

以电子信息方式发送广告的,应当明示发送者的真实身份和联系方式,并向接收者提供拒绝继续接收的方式。

第四十四条　利用互联网从事广告活动,适用本法的各项规定。

利用互联网发布、发送广告,不得影响用户正常使用网络。在互联网页面以弹出等形式发布的广告,应当显著标明关闭标志,确保一键关闭。

第四十五条　公共场所的管理者或者电信业务经营者、互联网信息服务提供者对其明知或者应知的利用其场所或者信息传输、发布平台发送、发布违法广告的,应当予以制止。

第四章　监督管理

第四十六条　发布医疗、药品、医疗器械、农药、兽药和保健食品广告,以及法律、行政法规规定应当进行审查的其他广告,应当在发布前由有关部门(以下称广告审查机关)对广告内容进行审查;未经审查,不得发布。

第四十七条　广告主申请广告审查,应当依照法律、行政法规向广告审查机关提交有关证明文件。

广告审查机关应当依照法律、行政法规规定作出审查决定,并应当将审查批准文件抄送同级工商行政管理部门。广告审查机关应当及时向社会公布批准的广告。

第四十八条　任何单位或者个人不得伪造、变造或者转让广告审查批准文件。

第四十九条　工商行政管理部门履行广告监督管理职责,可以行使下列职权:

(一)对涉嫌从事违法广告活动的场所实施现场检查;

(二)询问涉嫌违法当事人或者其法定代表人、主要负责人和其他有关人员,对有关单位或者个人进行调查;

(三)要求涉嫌违法当事人限期提供有关证明文件;

（四）查阅、复制与涉嫌违法广告有关的合同、票据、账簿、广告作品和其他有关资料；

（五）查封、扣押与涉嫌违法广告直接相关的广告物品、经营工具、设备等财物；

（六）责令暂停发布可能造成严重后果的涉嫌违法广告；

（七）法律、行政法规规定的其他职权。

工商行政管理部门应当建立健全广告监测制度，完善监测措施，及时发现和依法查处违法广告行为。

第五十条　国务院工商行政管理部门会同国务院有关部门，制定大众传播媒介广告发布行为规范。

第五十一条　工商行政管理部门依照本法规定行使职权，当事人应当协助、配合，不得拒绝、阻挠。

第五十二条　工商行政管理部门和有关部门及其工作人员对其在广告监督管理活动中知悉的商业秘密负有保密义务。

第五十三条　任何单位或者个人有权向工商行政管理部门和有关部门投诉、举报违反本法的行为。工商行政管理部门和有关部门应当向社会公开受理投诉、举报的电话、信箱或者电子邮件地址，接到投诉、举报的部门应当自收到投诉之日起七个工作日内，予以处理并告知投诉、举报人。

工商行政管理部门和有关部门不依法履行职责的，任何单位或者个人有权向其上级机关或者监察机关举报。接到举报的机关应当依法作出处理，并将处理结果及时告知举报人。

有关部门应当为投诉、举报人保密。

第五十四条　消费者协会和其他消费者组织对违反本法规定，发布虚假广告侵害消费者合法权益，以及其他损害社会公共利益的行为，依法进行社会监督。

第五章　法律责任

第五十五条　违反本法规定，发布虚假广告的，由工商行政管理部门责令停止发布广告，责令广告主在相应范围内消除影响，处广告费用三倍以上五倍以下的罚款，广告费用无法计算或者明显偏低的，处二十万元以上一百万元以下的罚款；两年内有三次以上违法行为或者有其他严重情节的，处广告费用五倍以上十倍以下的罚款，广告费用无法计算或者明显偏低的，处一百万元以上二百万元以下的罚款，可以吊销营业执照，并由广告审查机关撤销广告审查批准文件，一年内不受理其广告审查申请。

医疗机构有前款规定违法行为，情节严重的，除由工商行政管理部门依照本法处罚外，卫生行政部门可以吊销诊疗科目或者吊销医疗机构执业许可证。

广告经营者、广告发布者明知或者应知广告虚假仍设计、制作、代理、发布的，由工商行政管理部门没收广告费用，并处广告费用三倍以上五倍以下的罚款，广告费用无法计算或者明显偏低的，处二十万元以上一百万元以下的罚款；两年内有三次以上违法行为或者有其他严重情节的，处广告费用五倍以上十倍以下的罚款，广告费用无法计算或者明显偏低的，处一百万元以上二百万元以下的罚款，并可以由有关部门暂停广告发布业务、吊销营业执照、吊销广告发布登记证件。

广告主、广告经营者、广告发布者有本条第一款、第三款规定行为,构成犯罪的,依法追究刑事责任。

第五十六条 违反本法规定,发布虚假广告,欺骗、误导消费者,使购买商品或者接受服务的消费者的合法权益受到损害的,由广告主依法承担民事责任。广告经营者、广告发布者不能提供广告主的真实名称、地址和有效联系方式的,消费者可以要求广告经营者、广告发布者先行赔偿。

关系消费者生命健康的商品或者服务的虚假广告,造成消费者损害的,其广告经营者、广告发布者、广告代言人应当与广告主承担连带责任。

前款规定以外的商品或者服务的虚假广告,造成消费者损害的,其广告经营者、广告发布者、广告代言人,明知或者应知广告虚假仍设计、制作、代理、发布或者作推荐、证明的,应当与广告主承担连带责任。

第五十七条 有下列行为之一的,由工商行政管理部门责令停止发布广告,对广告主处二十万元以上一百万元以下的罚款,情节严重的,并可以吊销营业执照,由广告审查机关撤销广告审查批准文件、一年内不受理其广告审查申请;对广告经营者、广告发布者,由工商行政管理部门没收广告费用,处二十万元以上一百万元以下的罚款,情节严重的,并可以吊销营业执照、吊销广告发布登记证件:

(一)发布有本法第九条、第十条规定的禁止情形的广告的;

(二)违反本法第十五条规定发布处方药广告、药品类易制毒化学品广告、戒毒治疗的医疗器械和治疗方法广告的;

(三)违反本法第二十条规定,发布声称全部或者部分替代母乳的婴儿乳制品、饮料和其他食品广告的;

(四)违反本法第二十二条规定发布烟草广告的;

(五)违反本法第三十七条规定,利用广告推销禁止生产、销售的产品或者提供的服务,或者禁止发布广告的商品或者服务的;

(六)违反本法第四十条第一款规定,在针对未成年人的大众传播媒介上发布医疗、药品、保健食品、医疗器械、化妆品、酒类、美容广告,以及不利于未成年人身心健康的网络游戏广告的。

第五十八条 有下列行为之一的,由工商行政管理部门责令停止发布广告,责令广告主在相应范围内消除影响,处广告费用一倍以上三倍以下的罚款,广告费用无法计算或者明显偏低的,处十万元以上二十万元以下的罚款;情节严重的,处广告费用三倍以上五倍以下的罚款,广告费用无法计算或者明显偏低的,处二十万元以上一百万元以下的罚款,可以吊销营业执照,并由广告审查机关撤销广告审查批准文件、一年内不受理其广告审查申请:

(一)违反本法第十六条规定发布医疗、药品、医疗器械广告的;

(二)违反本法第十七条规定,在广告中涉及疾病治疗功能,以及使用医疗用语或者易使推销的商品与药品、医疗器械相混淆的用语的;

(三)违反本法第十八条规定发布保健食品广告的;

(四)违反本法第二十一条规定发布农药、兽药、饲料和饲料添加剂广告的;

（五）违反本法第二十三条规定发布酒类广告的；

（六）违反本法第二十四条规定发布教育、培训广告的；

（七）违反本法第二十五条规定发布招商等有投资回报预期的商品或者服务广告的；

（八）违反本法第二十六条规定发布房地产广告的；

（九）违反本法第二十七条规定发布农作物种子、林木种子、草种子、种畜禽、水产苗种和种养殖广告的；

（十）违反本法第三十八条第二款规定，利用不满十周岁的未成年人作为广告代言人的；

（十一）违反本法第三十八条第三款规定，利用自然人、法人或者其他组织作为广告代言人的；

（十二）违反本法第三十九条规定，在中小学校、幼儿园内或者利用与中小学生、幼儿有关的物品发布广告的；

（十三）违反本法第四十条第二款规定，发布针对不满十四周岁的未成年人的商品或者服务的广告的；

（十四）违反本法第四十六条规定，未经审查发布广告的。

医疗机构有前款规定违法行为，情节严重的，除由工商行政管理部门依照本法处罚外，卫生行政部门可以吊销诊疗科目或者吊销医疗机构执业许可证。

广告经营者、广告发布者明知或者应知有本条第一款规定违法行为仍设计、制作、代理、发布的，由工商行政管理部门没收广告费用，并处广告费用一倍以上三倍以下的罚款，广告费用无法计算或者明显偏低的，处十万元以上二十万元以下的罚款；情节严重的，处广告费用三倍以上五倍以下的罚款，广告费用无法计算或者明显偏低的，处二十万元以上一百万元以下的罚款，并可以由有关部门暂停广告发布业务、吊销营业执照、吊销广告发布登记证件。

第五十九条　有下列行为之一的，由工商行政管理部门责令停止发布广告，对广告主处十万元以下的罚款：

（一）广告内容违反本法第八条规定的；

（二）广告引证内容违反本法第十一条规定的；

（三）涉及专利的广告违反本法第十二条规定的；

（四）违反本法第十三条规定，广告贬低其他生产经营者的商品或者服务的。

广告经营者、广告发布者明知或者应知有前款规定违法行为仍设计、制作、代理、发布的，由工商行政管理部门处十万元以下的罚款。

广告违反本法第十四条规定，不具有可识别性的，或者违反本法第十九条规定，变相发布医疗、药品、医疗器械、保健食品广告的，由工商行政管理部门责令改正，对广告发布者处十万元以下的罚款。

第六十条　违反本法第二十九条规定，广播电台、电视台、报刊出版单位未办理广告发布登记，擅自从事广告发布业务的，由工商行政管理部门责令改正，没收违法所得，违法所得一万元以上的，并处违法所得一倍以上三倍以下的罚款；违法所得不足一万元的，并处五千元以上三万元以下的罚款。

第六十一条　违反本法第三十四条规定,广告经营者、广告发布者未按照国家有关规定建立、健全广告业务管理制度的,或者未对广告内容进行核对的,由工商行政管理部门责令改正,可以处五万元以下的罚款。

违反本法第三十五条规定,广告经营者、广告发布者未公布其收费标准和收费办法的,由价格主管部门责令改正,可以处五万元以下的罚款。

第六十二条　广告代言人有下列情形之一的,由工商行政管理部门没收违法所得,并处违法所得一倍以上二倍以下的罚款:

（一）违反本法第十六条第一款第四项规定,在医疗、药品、医疗器械广告中作推荐、证明的;

（二）违反本法第十八条第一款第五项规定,在保健食品广告中作推荐、证明的;

（三）违反本法第三十八条第一款规定,为其未使用过的商品或者未接受过的服务作推荐、证明的;

（四）明知或者应知广告虚假仍在广告中对商品、服务作推荐、证明的。

第六十三条　违反本法第四十三条规定发送广告的,由有关部门责令停止违法行为,对广告主处五千元以上三万元以下的罚款。

违反本法第四十四条第二款规定,利用互联网发布广告,未显著标明关闭标志,确保一键关闭的,由工商行政管理部门责令改正,对广告主处五千元以上三万元以下的罚款。

第六十四条　违反本法第四十五条规定,公共场所的管理者和电信业务经营者、互联网信息服务提供者,明知或者应知广告活动违法不予制止的,由工商行政管理部门没收违法所得,违法所得五万元以上的,并处违法所得一倍以上三倍以下的罚款,违法所得不足五万元的,并处一万元以上五万元以下的罚款;情节严重的,由有关部门依法停止相关业务。

第六十五条　违反本法规定,隐瞒真实情况或者提供虚假材料申请广告审查的,广告审查机关不予受理或者不予批准,予以警告,一年内不受理该申请人的广告审查申请;以欺骗、贿赂等不正当手段取得广告审查批准的,广告审查机关予以撤销,处十万元以上二十万元以下的罚款,三年内不受理该申请人的广告审查申请。

第六十六条　违反本法规定,伪造、变造或者转让广告审查批准文件的,由工商行政管理部门没收违法所得,并处一万元以上十万元以下的罚款。

第六十七条　有本法规定的违法行为的,由工商行政管理部门记入信用档案,并依照有关法律、行政法规规定予以公示。

第六十八条　广播电台、电视台、报刊音像出版单位发布违法广告,或者以新闻报道形式变相发布广告,或者以介绍健康、养生知识等形式变相发布医疗、药品、医疗器械、保健食品广告,工商行政管理部门依照本法给予处罚的,应当通报新闻出版广电部门以及其他有关部门。新闻出版广电部门以及其他有关部门应当依法对负有责任的主管人员和直接责任人员给予处分;情节严重的,并可以暂停媒体的广告发布业务。

新闻出版广电部门以及其他有关部门未依照前款规定对广播电台、电视台、报刊音像出版单位进行处理的,对负有责任的主管人员和直接责任人员,依法给予处分。

第六十九条　广告主、广告经营者、广告发布者违反本法规定,有下列侵权行为之一

的,依法承担民事责任:

(一)在广告中损害未成年人或者残疾人的身心健康的;

(二)假冒他人专利的;

(三)贬低其他生产经营者的商品、服务的;

(四)在广告中未经同意使用他人名义或者形象的;

(五)其他侵犯他人合法民事权益的。

第七十条　因发布虚假广告,或者有其他本法规定的违法行为,被吊销营业执照的公司、企业的法定代表人,对违法行为负有个人责任的,自该公司、企业被吊销营业执照之日起三年内不得担任公司、企业的董事、监事、高级管理人员。

第七十一条　违反本法规定,拒绝、阻挠工商行政管理部门监督检查,或者有其他构成违反治安管理行为的,依法给予治安管理处罚;构成犯罪的,依法追究刑事责任。

第七十二条　广告审查机关对违法的广告内容作出审查批准决定的,对负有责任的主管人员和直接责任人员,由任免机关或者监察机关依法给予处分;构成犯罪的,依法追究刑事责任。

第七十三条　工商行政管理部门对在履行广告监测职责中发现的违法广告行为或者对经投诉、举报的违法广告行为,不依法予以查处的,对负有责任的主管人员和直接责任人员,依法给予处分。

工商行政管理部门和负责广告管理相关工作的有关部门的工作人员玩忽职守、滥用职权、徇私舞弊的,依法给予处分。

有前两款行为,构成犯罪的,依法追究刑事责任。

第六章　附　则

第七十四条　国家鼓励、支持开展公益广告宣传活动,传播社会主义核心价值观,倡导文明风尚。

大众传播媒介有义务发布公益广告。广播电台、电视台、报刊出版单位应当按照规定的版面、时段、时长发布公益广告。公益广告的管理办法,由国务院工商行政管理部门会同有关部门制定。

第七十五条　本法自2015年9月1日起施行。

附录二　广告管理条例

广告管理条例

（本条例于 1987 年 10 月 26 日国务院发布，内容与 2015 年 4 月 24 日中华人民共和国主席令第 22 号公布的《中华人民共和国广告法》的规定不一致的，以该法为准）

第一条　为了加强广告管理，推动广告事业的发展，有效地利用广告媒介为社会主义建设服务，制定本条例。

第二条　凡通过报刊、广播、电视、电影、路牌、橱窗、印刷品、霓虹灯等媒介或者形式，在中华人民共和国境内刊播、设置、张贴广告，均属本条例管理范围。

第三条　广告内容必须真实、健康、清晰、明白，不得以任何形式欺骗用户和消费者。

第四条　在广告经营活动中，禁止垄断和不正当竞争行为。

第五条　广告的管理机关是国家工商行政管理机关和地方各级工商行政管理机关。

第六条　经营广告业务的单位和个体工商户（以下简称广告经营者），应当按照本条例和有关法规的规定，向工商行政管理机关申请，分别情况办理审批登记手续：

（一）专营广告业务的企业，发给《企业法人营业执照》；

（二）兼营广告业务的事业单位，发给《广告经营许可证》；

（三）具备经营广告业务能力的个体工商户，发给《营业执照》；

（四）兼营广告业务的企业，应当办理经营范围变更登记。

第七条　广告客户申请刊播、设置、张贴的广告，其内容应当在广告客户的经营范围或者国家许可的范围内。

第八条　广告有下列内容之一的，不得刊播、设置、张贴：

（一）违反我国法律、法规的；

（二）损害我国民族尊严的；

（三）有中国国旗、国徽、国歌标志、国歌音响的；

（四）有反动、淫秽、迷信、荒诞内容的；

（五）弄虚作假的；

（六）贬低同类产品的。

第九条　新闻单位刊播广告，应当有明确的标志。新闻单位不得以新闻报道形式刊播广告，收取费用；新闻记者不得借采访名义招揽广告。

第十条　禁止利用广播、电视、报刊为卷烟做广告。

获得国家级、部级、省级各类奖的优质名酒，经工商行政管理机关批准，可以做广告。

第十一条 申请刊播、设置、张贴下列广告,应当提交有关证明。

(一)标明质量标准的商品广告,应当提交省辖市以上标准化管理部门或者经计量认证合格的质量检验机构的证明;

(二)标明获奖的商品广告,应当提交本届、本年度或者数届、数年度连续获奖的证书,并在广告中注明获奖级别和颁奖部门;

(三)标明优质产品称号的商品广告,应当提交政府颁发的优质产品证书,并在广告中标明授予优质产品称号的时间和部门;

(四)标明专利权的商品广告,应当提交专利证书;

(五)标明注册商标的商品广告,应当提交商标注册证;

(六)实施生产许可证的产品广告,应当提交生产许可证;

(七)文化、教育、卫生广告,应当提交上级行政主管部门的证明;

(八)其他各类广告,需要提交证明的,应当提交政府有关部门或者其授权单位的证明。

第十二条 广告经营者承办或者代理广告业务,应当查验证明,审查广告内容。对违反本条例规定的广告,不得刊播、设置、张贴。

第十三条 户外广告的设置、张贴,由当地人民政府组织工商行政管理、城建、环保、公安等有关部门制定规划,工商行政管理机关负责监督实施。

在政府机关和文物保护单位周围的建筑控制地带以及当地人民政府禁止设置、张贴广告的区域,不得设置、张贴广告。

第十四条 广告收费标准,由广告经营者制定,报当地工商行政管理机关和物价管理机关备案。

第十五条 广告业务代理费标准,由国家工商行政管理机关会同国家物价管理机关制定。

户外广告场地费、建筑物占用费的收费标准,由当地工商行政管理机关会同物价、城建部门协商制定,报当地人民政府批准。

第十六条 广告经营者必须按照国家规定设置广告会计账簿,依法纳税,并接受财政、审计、工商行政管理部门的监督检查。

第十七条 广告经营者承办或者代理广告业务,应当与客户或者被代理人签订书面合同,明确各方的责任。

第十八条 广告客户或者广告经营者违反本条例规定,由工商行政管理机关根据其情节轻重,分别给予下列处罚:

(一)停止发布广告;

(二)责令公开更正;

(三)通报批评;

(四)没收非法所得;

(五)罚款;

(六)停业整顿;

(七)吊销营业执照或者广告经营许可证。

违反本条例规定,情节严重、构成犯罪的,由司法机关依法追究刑事责任。

第十九条　广告客户和广告经营者对工商行政管理机关处罚决定不服的,可以在收到处罚通知之日起15日内,向上一级工商行政管理机关申请复议。对复议决定仍不服的,可以在收到复议决定之日起30日内,向人民法院起诉。

第二十条　广告客户和广告经营者违反本条例规定,使用户和消费者蒙受损失,或者有其他侵权行为的,应当承担赔偿责任。

损害赔偿,受害人可以请求县以上工商行政管理机关处理。当事人对工商行政管理机关处理不服的,可以向人民法院起诉。受害人也可以直接向人民法院起诉。

第二十一条　本条例由国家工商行政管理局负责解释,施行细则由国家工商行政管理局制定。

第二十二条　本条例自1987年12月1日起施行。1982年2月6日国务院发布的《广告管理暂行条例》同时废止。

附录三 广告活动道德规范

广告活动道德规范

(1997年12月16日国家工商行政管理局工商广字[1997]第310号)

一、总则

第一条 为维护广告市场秩序,促进广告业社会主义精神文明建设,增强广告主、广告经营者、广告发布者及其他参与广告活动的单位和个人的社会公德意识和职业道德观念,依据《中华人民共和国广告法》,制定本规范。

第二条 广告活动道德规范是广告活动的基本道德准则。凡在中华人民共和国境内从事广告活动的广告主、广告经营者、广告发布者以及其他参与广告活动的单位和个人,均应自觉遵守本规范。

第三条 各级工商行政管理机关在维护广告市场秩序,查处违法广告案件的同时,应当注重广告业职业道德建设,引导广告业树立良好风尚。

第四条 广告行业组织应当在工商行政管理机关指导下,积极开展行业自律,教育其成员单位自觉遵守和维护广告市场公平竞争、公平交易秩序,促进广告业职业道德建设。

二、广告主广告活动道德规范

第五条 广告主应当自觉维护消费者的合法权益,本着诚实信用的原则,真实科学地介绍自己的产品和服务。

第六条 广告主应当自觉遵守国家广告管理法律、法规及其他有关规定,与其他广告主进行公平、正当的竞争,不得用不正当的方式和途径干扰、损害他人合法的广告活动。

第七条 广告主发布商业广告,应当自觉遵守和维护公共秩序和社会良好风尚,不应以哗众取宠、故弄玄虚、低级趣味等方式,片面追求广告的感官刺激和轰动效应,对社会造成不良影响。

第八条 广告主应当按照国家有关规定,积极参加各公益事业,响应政府主管部门的号召,参与公益广告活动,树立良好的企业形象。

第九条 广告主应当在国家法律、法规的规范内,按照市场经济规律,根据服务质量,选择广告经营者的服务,自觉抵制各种损害企业利益的人情、关系广告业务。

第十条 广告主实行广告服务招标,应当尊重投标者的劳动成果,自觉履行招标承诺,自觉抵制和纠正以虚假招标方式引诱投标者投标,以及窃用投标者的广告策划和创意的不公平交易行为。

第十一条 广告主应当自觉抵制和纠正下列不正当的广告宣传:

(一)依据科学上没有定论的结论来否定他人的产品和服务,借以突出自己的产品和服务；

（二）片面宣传或夸大同类产品或服务的某种缺陷，以对比、联想等方式影射他人；

（三）未经有关部门认定假冒商标的情况下，在各种声明、启事中涉及他人的商标；

（四）擅自使用他人知名商品和服务标志作为陪衬宣传自己的产品和服务，不正当地利用和享用他人的商品声誉和商业信誉；

（五）使用不规范的行业用语或消费者无法熟知的专业术语表示商品的质量、制作成分、性能、用途、产地以及采用的技术、设备等；

（六）使用含糊不明，易使消费者产生歧义的承诺；

（七）使用不合法、不科学、不公正的评比结果和奖项；

（八）采用隐去主要事实、断章取义、偷换概念的手法使用有关数据、统计资料、调查结果、文摘和引用语，误导消费者。

三、广告经营者广告活动道德规范

第十二条 广告经营者在广告创意、设计、制作中应当依照有关广告管理法律、法规的要求，运用恰当的艺术表现形式表达广告内容，避免怪诞、离奇等不符合社会主义精神文明要求的广告创意。

第十三条 广告经营者在广告创意中使用妇女和儿童形象应当正确恰当，有利于树立健康文明的女性形象，有利于维护未成年人的身心健康和培养儿童良好的思想品德。

第十四条 广告经营者在广告创作中应当坚持创新与借鉴相结合，继承中华民族优秀传统文化，汲取其他国家和地区广告创作经验，自觉抵制和反对抄袭他人作品的行为。

第十五条 广告经营者为同类产品广告主同时或先后提供广告代理服务，应当保守各广告主的商业秘密，不得为自身业务发展的需要泄漏广告主的商业秘密。

第十六条 广告经营者应当注重广告在社会主义精神文明建设中的作用，坚持商业广告创意设计中的社会主义思想文化导向，积极参与公益广告活动，倡导正确的道德观念和社会风尚。

第十七条 广告经营者应当注重提高经营管理水平和服务质量，依靠不断提高服务质量和商业信誉与广告主建立稳定的业务关系，自觉抵制和纠正下列不正当竞争行为：

（一）利用物质引诱或胁迫等不正当手段获取其他广告经营者的商业秘密；

（二）采用给予广告主经办人好处或竞相压价等手段争夺广告客户；

（三）采用暗中给予媒介经办人财物等不正当手段争取有利或紧俏的时间和版面。

四、广告发布者广告活动道德规范

第十八条 广告发布者发布商业广告应当考虑民族传统、群众消费习惯以及广告受众的区别等社会因素，合理安排发布时段、版面，依照各类广告的发布标准和社会主义精神文明建设的要求，认真履行广告审查义务。

第十九条 广告发布者应当严格遵守国家关于禁止有偿新闻的有关规定，坚持正确的经营观念，杜绝新闻形式的广告。

第二十条 广告发布者应当严格执行国家有关广告服务价格的管理规定，根据媒介的发行量、收视率等科学依据制定合理的收费方法和收费标准。广告经营者采用招标等特殊方式确定广告价格的，招标方案和办法应当合法、公正，不得利用不正当手段哄抬广告服务价格。

第二十一条 广告发布者应当自觉执行国家关于公益广告宣传的有关规定,发挥公益广告宣传社会主义精神文明的积极作用,促进社会主义精神文明建设,树立良好的社会道德风尚。

第二十二条 广告发布者在经营活动中应当自觉抵制和纠正下列行为:

(一)以不正当理由拒绝广告经营者正常客户代理业务,并强制该广告经营者必须通过与其有特殊利益关系的代理公司进行代理;

(二)违背广告主、广告经营者的意愿搭售时间、版面或附加其他不合理的交易条件;

(三)对不同客户实行不同的收费标准,强制要求客户预付广告费,不按规定的标准返还代理费。

五、各类市场中介机构参与广告活动的道德规范

第二十三条 从事各类广告出证活动的社会团体和商业调查、技术检测、标志认证等市场中介机构,必须具备合法资格。其广告出证行为必须遵循诚实信用原则,出证内容必须真实、合法,不得助长不正当竞争和不公平交易行为。

第二十四条 各类市场中介机构以广告形式公布其推荐、介绍、调查、检测、认证结果的,应将其从事该项活动的依据,采用的方法、方式等向社会公布,自觉接受社会监督。

第二十五条 各类市场中介机构应当保证广告出证行为的客观、公正性,自觉抵制和纠正以牟利为主要目的的广告出证活动,杜绝以收费多少排名、排序,并用于广告误导消费者的现象。

六、附则

第二十六条 违反本道德规范,情节严重、构成违法的,工商行政管理机关依照广告管理法律、法规和国家有关规定予以行政处罚;情节轻微的,工商行政管理机关应对其进行批评、教育,监督改正。

第二十七条 广告行业组织对违反本规范的成员,依照行业自律规则予以批评教育,直至取消其行业组织成员资格。

第二十八条 本规范自发布之日起施行。